MARIO KRAMP (HG.)

REVOLUTION! DEKORATION...
KÖLN IM 19. JAHRHUNDERT

BAND 2

Dank

Zum Gelingen von Ausstellung und Begleitband haben viele Personen beigetragen, ihnen allen sei hier herzlich gedankt. | Beatrix Alexander, Stefanie Behrendt, Ulrich Bock, Jörg Borger-Besser, Katharina Engelmann, Bettina Gärtner, Andrea Habel-Schablitzky, Margrit Jüsten-Mertens, Stefan Lewejohann, Joachim Oepen, Gabriele Oepen-Domschky, Sascha Pries, Horst Read, Sybille Schmitt, Martin Seidler, Hendrik Strelow, Rita Wagner

Ausstellung

Idee und Konzept | Sybille Fraquelli, unter Mitarbeit von Mario Kramp, Rita Wagner, Andrea Habel-Schablitzky und Stefan Lewejohann

Leihverkehr | Sybille Fraquelli, Rita Wagner, Horst Read

Verwaltung | Helmut Roitzheim, Bettina Gärtner

Sekretariat | Petra Pfeiffer, Alexandra Stey

Bildungs- und Öffentlichkeitsarbeit | Rita Wagner, Anna Scholten, Infoteam des Kölnischen Stadtmuseums, Museumsdienst Köln

Plakate, Flyer | Sanna Nübold

Fotografien | Dorothea Heiermann, Jean-Luc Ikelle-Matiba, Museum Goch/Gottfried Evers

Aufbau und restauratorische Betreuung | Andrea Habel-Schablitzky, Jörg Borger-Besser, Hendrik Strelow, Stefanie Behrendt, Katharina Engelmann, Sybille Schmitt, Monika Helfmann, Sevgi Özgür, Gerd Schweinsberg

Objekte und Leihgaben

Kölnisches Stadtmuseum
Erzbischöfliche Diözesan- und Dombibliothek Köln
Historisches Archiv des Erzbistums Köln
Katholische Pfarrgemeinden St. Agnes, St. Aposteln, St. Georg, St. Maria im Kapitol, St. Maria Lyskirchen, St. Severin, Dominikanerkirche St. Andreas, Erzbistum Köln
Museum Goch
LVR-Amt für Denkmalpflege im Rheinland

Mit freundlicher Unterstützung

Kölner Kulturstiftung der Kreissparkasse Köln

Förderverein Romanische Kirchen Köln

Freunde des Kölnischen Stadtmuseums e.V.

MARIO KRAMP (HG.) – BAND 2

REVOLUTION! DEKORATION ... KÖLN IM 19. JAHRHUNDERT

SYBILLE FRAQUELLI

Ein bunter Traum

KÖLNS ROMANISCHE KIRCHEN IM HISTORISMUS

BEGLEITBAND ZUR AUSSTELLUNG IM KÖLNISCHEN STADTMUSEUM
7. JULI BIS 16. SEPTEMBER 2012

emons:

Bibliographische Information der Deutschen Bibliothek
Die Deutsche Bibliothek verzeichnet diese Publikation
in der Deutschen Nationalbibliographie;
detaillierte bibliographische Daten sind im Internet über
http://dnb.d-nb.de abrufbar.

Bildnachweis für Umschlagbilder
Titel vorn | St. Gereon, Schnitt durch das Dekagon, aus einer Publikation von August Essenwein von 1891
Rückseite | St. Ursula, Entwurf für das Fenster der südlichen Chorkapelle mit der Anbetung der Heiligen Drei Könige, Jakob/Heinrich Bong, vor 1882, Kölnisches Stadtmuseum, Graphische Sammlung

MIX
Papier aus verantwortungsvollen Quellen
FSC® C010135

Idee und Konzept | Sybille Fraquelli
Bild- und Textredaktion | Sybille Fraquelli
Lektorat | Wiebke Bach
Produktion | Reprowerkstatt Wargalla GmbH, Köln
Einband- und Innengestaltung | Georg Bungarten
Druck | B.O.S.S Druck und Medien GmbH, Goch
Printed in Germany 2012
ISBN | 978-3-95451-053-5

Inhalt

Von vergangener Pracht

Kölns romanische Kirchen im Historismus

»Revolution! Dekoration ...«: Wie der erste Band über die Revolution von 1848 steht auch der hier vorliegende zweite Band der Reihe des Kölnischen Stadtmuseums über Köln im 19. Jahrhundert unter diesem programmatischen Titel. Er widmet sich Kölns romanischen Kirchen.

Über diese ist schon viel publiziert worden – über Archäologie und Baugeschichte, über liturgische Fragen, über ihre mittelalterliche und sogar barocke Ausstattung, über ihren Wiederaufbau nach 1945. Doch eine Gesamtdarstellung von Kölns romanischen Kirchen im 19. Jahrhundert fehlte bislang. Dies wurde erstmals von Sybille Fraquelli wissenschaftlich erforscht und beschrieben in den beiden 2010 und 2011 erschienenen, reich illustrierten Bänden der Reihe »Colonia Romanica« des Fördervereins Romanische Kirchen Köln, unterstützt von der Fritz-Thyssen-Stiftung.

Seit die romanischen Kirchen nach dem Zweiten Weltkrieg wieder aufgebaut wurden, sind ihre Wände nackt, »gereinigt« vom Zierrat nachmittelalterlicher Epochen – vor allem von der Kunst des 19. Jahrhunderts, denn die galt lange als überholt, ja verachtenswert. Begleitband und Ausstellung zeigen die Kölner romanischen Kirchen so, wie sie heute kaum noch jemand kennt. Denn zuvor sah alles ganz anders aus.

Die Ausstattung des europaweit bedeutenden Ensembles der Kölner romanischen Kirchen in Geist und Stil des Historismus enthüllt Wesentliches über die Epoche des 19. Jahrhunderts. Sie steht für den Zwiespalt am Beginn unserer Moderne. Ausgerechnet in der Zeit der Industrialisierung strebte man danach, das Mittelalter zu beleben (oder was man dafür hielt): hier der sich überschlagende technische Fortschritt – dort die Ausmalung der Kirchen im Stil des Mittelalters, hier revolutionärer Aufbruch der Demokraten – dort überbordende dekorative

St. Gereon, Detail einer Gewölbekappe des Dekagons, aus einer Publikation von August Essenwein von 1891

Gestaltung von Kirchenwänden, hier Massenmedien – dort Heiligengestalten und Herz-Jesu-Bilder, hier Armut, Hunger und soziales Elend – dort goldene Geräte im Stil längst vergangener Zeiten. Einer hat diesen epochalen Gegensatz auf den Punkt gebracht, in der radikalsten und auch schönsten Formulierung: »Die Religion ist der Seufzer der bedrängten Kreatur, das Gemüt einer herzlosen Welt, wie sie der Geist geistloser Zustände ist.« Als Karl Marx dies 1844 schrieb, war man in Köln gerade damit beschäftigt, den eingestürzten Westturm von St. Kunibert wieder aufzubauen. Dekoration statt Revolution?

Was hundert Jahre später als bloße Dekoration verspottet wurde, hatte einst als gedankliche Revolution begonnen – als man seit den 1820er Jahren in Köln den Wert dieses mittelalterlichen »Schatzes« erkannte und sich für den Erhalt der baufällig gewordenen Kirchen und deren Neugestaltung engagierte. Dies wurde keineswegs nur »von oben« verordnet, sondern war getragen von einer regelrechten Bewegung, vom Engagement vieler Kölnerinnen und Kölner – erst recht in Zeiten des »Kulturkampfes« gegen den politischen Katholizismus. Um 1900 erstrahlten Kölns romanische Kirchen in nie geahntem Glanz, geschmückt mit Wandmalereien und Mosaiken, ausgestattet mit Skulpturen und Altären. Architekten wie Vincenz Statz, Maler wie August Essenwein, Edward von Steinle und Michael Welter, Bildhauer wie Richard Moest und Wilhelm Mengelberg und Goldschmiede wie Gabriel Hermeling machten aus den romanischen Kirchen prächtige Gesamtkunstwerke einer erneuerten katholischen Frömmigkeit.

Was Bombenkrieg und Wiederaufbau von der historistischen Ausstattung der romanischen Kirchen übrig ließen, befindet sich heute in Kirchenkellern und Pfarrhäusern, in Pfarrarchiven, im Archiv des Erzbistums Köln, im Historischen Archiv der Stadt Köln, im Plan- und Fotoarchiv des LVR-Amtes für Denkmalpflege und vor allem in der Graphischen Sammlung des Kölnischen Stadtmuseums.

Es ist an der Zeit, diese Skulpturen, Kunstobjekte, Pläne, Entwürfe und historischen Fotografien in Ausstellung und Begleitband einem größeren Publikum zu präsentieren. Das Kölnische Stadtmuseum und der Förderverein Romanische Kirchen Köln sind ideale Partner für eine solche Kooperation.

Unser Projekt hätte nicht realisiert werden können ohne die großzügige Unterstützung durch die Kölner Kulturstiftung der Kreissparkasse Köln, der unser herzlicher Dank gilt – wie auch dem Team des Kölnischen Stadtmuseums und der Leiterin der Graphischen Sammlung Rita Wagner, der Geschäftsführerin des Fördervereins Romanische Kirchen Köln Margrit Jüsten-Mertens und der Fotografin Dorothea Heiermann. Vor allem gebührt unser Dank Sybille Fraquelli, die mit diesem Begleitbuch eloquent und packend die Quintessenz ihrer umfangreichen

Forschungsergebnisse formuliert – und dem Emons Verlag für die Betreuung des Buchs in gewohnter hoher Qualität.

Besonders verbunden sind wir den Leihgebern, die sich kurzfristig von ihren teils sehr fragilen Schätzen trennen. Ihre in Begleitband und Ausstellung erstmals präsentierten Exponate erlauben den Blick über die Schultern der Künstler, mit Einblicken in Produktion, Finanzierung und Frömmigkeit – bis der Traum vom Mittelalter in der modernen Industrie- und Massengesellschaft tatsächlich zur Dekoration erstarrte. Künstlerisch Bedeutendes, bislang Unbekanntes, aber auch Kurioses tritt zutage.

Vor allem aber vermitteln die Exponate einen Eindruck von der einstigen Pracht in unseren romanischen Kirchen, an die sich heute nur noch wenige ältere Kölnerinnen und Kölner erinnern: an einen »bunten Traum«, der längst vergangen ist.

Senator E.h. Helmut Haumann
Vorsitzender des Fördervereins Romanische Kirchen Köln

Dr. Mario Kramp
Direktor des Kölnischen Stadtmuseums

Träume sind Schäume

Zur Einleitung

Schon Sigmund Freud berichtet in seiner »Traumdeutung« von 1900 von eigenen Träumen, in denen bunte Farben eine Rolle spielen. Die starken Sinneseindrücke erklärt er mit den farbigen Steinen des damals beliebten »Ankerbaukastens«, mit ihm hatten die Kinder am Tag zuvor gespielt. Wie selbstverständlich die Farbe in der Architektur damals dazugehörte, lässt sich auch heute noch in der Marienbasilika in Kevelaer erleben: Von dem Kölner Architekten Vincenz Statz 1858–64 erbaut, wurde sie ab 1881 von Friedrich Stummel reich ausgemalt. Andere, noch erhaltene Beispiele sind die ehemalige Augustinerabteikirche in Rolduc (Niederlande), ausgemalt von Matthias Goebbels 1894–1904 oder der Kaiserdom in Königslutter, der ab 1894 nach den Entwürfen von August Essenwein ausgemalt wurde. Sie geben heute noch einen Eindruck davon, dass selbst Kirchenräume im 19. Jahrhundert, wenn man so will, ein »bunter Traum« waren. Allerdings war dieser Traum von begrenzter Dauer. Schon in den 1920er und 1930er Jahren begann die Reduzierung: Wand- und Deckenmalereien wurden abgenommen, zu monumental erscheinende Einbauten entfernt. Die Reste verschwanden, gelangten in Keller oder Abstellkammern. Was verschont wurde, fiel dann den Bomben des Zweiten Weltkrieges zum Opfer. Dass beim Wiederaufbau der »bunte Traum« des 19. Jahrhunderts nicht wieder aufleben konnte, versteht sich von selbst. Schlicht, steinsichtig, streng und (farben-)»rein« sollte die Baukunst sein. Für »bunte Träume« war die Zeit vorbei.

Doch seit einigen Jahren erfreut sich die Kunst des 19. Jahrhunderts wieder größerer Beliebtheit. Die Kunst des Historismus, bei dem verschiedene historische Stile wie Gotik, Romanik, Renaissance und Barock in Neugotik, Neuromanik, Neurenaissance und Neubarock wieder aufleben, ist wieder »salonfähig« geworden. Und mit der Wiederentdeckung der Kunst dieser Epoche rückt das ganze Zeitalter ins Blickfeld. Doch welche Themen waren für die Menschen interessant, und vor welchen kulturellen Aufgaben stand die Gesellschaft?

St. Gereon, Dekagon mit Orgel und Kirchenchor, Zeichnung um 1910 (Klee?), Kölnisches Stadtmuseum, Graphische Sammlung

St. Gereon, Detail einer Gewölbekappe des Dekagons mit Christus (Mitte), Maria (li.) und Johannes (re.), aus einer Publikation von August Essenwein von 1891

In Köln spielte im 19. Jahrhundert vor allem die Verschönerung des Stadtbildes eine entscheidende Rolle. Nachdem die Metropole im Spätmittelalter ihre kulturelle Blüte entfaltet hatte, war sie vor dem Hintergrund der Bedeutung der großen Seestädte langsam ins Hintertreffen geraten. Mit dem beginnenden Aufschwung ab 1815 aber wollte man an die Bedeutung der mittelalterlichen Colonia wieder anknüpfen. Damit begannen auch in Köln die großen Restaurierungsarbeiten, allen voran ab 1842 der Weiterbau des Doms, aber auch die Instandsetzung und Neuausstattung der romanischen Kirchen. Diese Maßnahmen sind Zeugen eines spannenden, facettenreichen und von Umbrüchen geprägten Jahrhunderts. In der zweiten Jahrhunderthälfte wurde Köln dann zu einem beliebten Reiseziel. Auf dem Programm der Besucher standen auch die romanischen Kirchen – doch wie sahen sie im 19. Jahrhundert eigentlich aus?

Groß St. Martin, herabgestürzte Glocke im Mittelschiff, Foto um 1948

1796 Köln wird von französischen Truppen besetzt.

1802 Säkularisation in Köln: Stifte und die meisten Klöster werden geschlossen.

1

Ferdinand Franz Wallraf und andere Kunstsammler retten viele Kunstschätze vor dem Verlust.

1803/1804 Sulpiz Boisserée beginnt mit dem Vermessen des Kölner Domes.

1815 Köln wird im Wiener Kongress dem Königreich Preußen zugesprochen.

1830 Nach dem Einsturz des Westturmes von St. Kunibert engagieren sich die Kölner Bürger für den Wiederaufbau.

2

1835 Der Kölner Stadtrat beschließt, jährlich einen Betrag zur Restaurierung aller Kirchen zurückzulegen.

1842 Mit einem großen Fest wird die zweite Grundsteinlegung zum Weiterbau des Kölner Domes begangen.

1806 Die militärische Auseinandersetzung zwischen Preußen und Frankreich beginnt. In den folgenden Jahren befindet sich Europa im Krieg gegen Frankreich.

1815 Nach dem Ende des Krieges gegen Frankreich wird der Deutsche Bund gegründet, den Österreich anführt.

1840 Mit Friedrich Wilhelm IV. besteigt ein kunstinteressierter Regent den Thron Preußens.

1843 Der Wiederaufbau des Turmes von St. Kunibert und die Restaurierung von Groß St. Martin werden in Angriff genommen. An beiden Kirchen entstehen bürgerliche Bauvereine zur Unterstützung.

1854 Der Kölner Künstler Michael Welter erarbeitet Entwürfe für die Ausmalung des Chores von St. Kunibert.

1856 Als erstes städtisches Museum wird mit dem Bau des Wallraf-Richartz-Museums begonnen. Im selben Jahr stiftet der Kölner Franz Heinrich Nicolaus Franck einen hohen Geldbetrag zum Bau der neugotischen Mauritiuskirche.

3

4

1857 Die Grundsteine für den Bau der Synagoge in der Glockengasse nach Plänen von Dombaumeister Ernst Friedrich Zwirner und der evangelischen Trinitatiskirche nach Plänen von Friedrich August Stüler werden gelegt. Der Architekt Heinrich Nagelschmidt entwirft Pläne für die Restaurierung von Groß St. Martin. Er wird in den folgenden Jahren die Restaurierung beinahe aller romanischer Kirchen in Köln übernehmen.

1848 »März-Revolution« in Deutschland: Das Volk verlangt u. a. Pressefreiheit und ein Parlament, welches noch im selben Jahr in der Frankfurter Paulskirche tagt (Deutsche Nationalversammlung). Ganz Europa wird von revolutionären Unruhen erfasst.

1858 Friedrich Wilhelm IV. übergibt die Regentschaft an seinen Bruder, den späteren Wilhelm I.

Bildunterschriften
siehe Anhang, Seite 94

5

1864 Der Architekt August Essenwein veröffentlicht sein Gesamtausstattungskonzept für Groß St. Martin. Seine Idee einer Orientierung an mittelalterlichen Bildprogrammen wird für die weitere Restaurierung aller romanischen Kirchen federführend.

1865 Die neugotische Kirche St. Mauritius wird als erster (und einziger) Neubau einer katholischen Pfarrkirche in der Altstadt vollendet.

1866 Der Münsteraner Paulus Kardinal Melchers wird zum Erzbischof von Köln ernannt. Die Ausmalung des Chores von St. Maria im Kapitol nach Entwürfen von Edward von Steinle wird abgeschlossen und als nicht passend kritisiert. Schon im folgenden Jahr wird August Essenwein mit Plänen für die Ausmalung und Neuausstattung beauftragt.

1874 Mit der Inhaftierung von Erzbischof Melchers erlebt der Kulturkampf in Köln seinen Höhepunkt. Im folgenden Jahr flieht Melchers ins Exil.

1880 Mit einem großen Fest wird die Vollendung des Kölner Domes gefeiert. Die meisten Katholiken bleiben als Folge des Kulturkampfes der Feier fern.

1881 Mit dem Durchbruch der Stadtmauer am Gereonswall beginnt die Anlage der Neustadt nach Plänen des Stadtbaumeisters Hermann Joseph Stübben.

1882 Mit dem Start der Restaurierungsarbeiten an St. Ursula beginnt die Hochphase der Restaurierung und Neuausstattung an den romanischen Kirchen in Köln.

1862 Otto von Bismarck wird Ministerpräsident in Preußen.

1866 Nach dem Krieg gegen Österreich erringt Preußen die Vorherrschaft in Deutschland.

1870 Papst Pius IX. verkündet das »Unfehlbarkeitsdogma«, damit beginnt der »Kulturkampf« zwischen Kirche und Staat.

1871 Nach dem Ende des Krieges gegen Frankreich wird das Deutsche Reich gegründet und König Wilhelm I. von Preußen zum deutschen Kaiser proklamiert.

1891 Als erster Kirchenbau in der Neustadt wird mit dem Bau der evangelischen Christuskirche an der Herwarthstraße begonnen. In den folgenden Jahren werden die Bauten der katholischen Herz-Jesu-Kirche am Zülpicher Platz (1893), der Synagoge an der Roonstraße (1895) und der katholischen Agneskirche an der Neusser Straße (1896) in Angriff genommen.

6

1895 Der Beginn der Neuausstattung von St. Aposteln mit farbigen Glasmosaiken markiert den Höhepunkt der späthistoristischen Ausstattungsphase der romanischen Kirchen.

7

1912 Im sogenannten »Gotik-Erlass« des Kölner Erzbistums wird noch einmal Neuromanik oder Neugotik als Richtung für die Kirchenbaukunst vorgeschrieben.

1913 In der »Zeitschrift für christliche Kunst« fordert der damaliger Kustos am Schnütgen-Museum, Fritz Witte, eine neue Richtung in der kirchlichen Kunst, die sich vom späten Historismus emanzipieren soll. Als beispielhafter Künstler wird u. a. Johan Thorn-Prikker genannt. Außerdem wendet sich Witte an die Stadt Köln mit der Idee einer Einrichtung eines Instituts für religiöse Kunst.

1914 Die Werkbundausstellung am Deutzer Rheinufer zeigt Werke von Künstlern einer neuen Kunstrichtung.

1873–1875 Durch eine Reihe von Gesetzen werden die Befugnisse der Kirche gegenüber dem Staat weit eingeschränkt. Der Höhepunkt des »Kulturkampfes« ist erreicht.

1888 Wilhelm II. wird zum Kaiser proklamiert (»wilhelminische Epoche«): Der Kaiser strebt nach einem Ausbau der Machtposition seines Reiches und forciert dazu auch das Engagement in den deutschen Kolonien.
1914 Beginn des Ersten Weltkrieges.

Bildunterschriften
siehe Anhang, Seite 94

Die »Dekoration« der Stadt

Architektur und Kunst im Köln des 19. Jahrhunderts

Dekoration – das Wort wirkt auf uns heute fast wie ein Schimpfwort. An ihm hängen negative Assoziationen: »schön davor, aber nichts dahinter«, »alles nur Dekoration«, »Dekoration nicht zum Verzehr geeignet« und so weiter. Dabei: Das Wort ist vom lateinischen »decoratio« entlehnt, Substantiv für das Wort »decorare« für »zieren, schmücken, verherrlichen«. Im 18. Jahrhundert war der französische Begriff »décoration« beliebt, und aus ihm leitet sich letztendlich unser heutiges »Dekoration« ab.

Auch im 19. Jahrhundert wären die Beteiligten nicht einverstanden gewesen, wenn man ihre Bemühungen um eine Verschönerung des Stadtbildes mit dem einfachen Begriff »Dekoration« betitelt hätte. Denn es ging in ihren Plänen für Neu- und Umbauten nicht bloß um eine Verschönerung oder Verzierung. Sie planten eine Erneuerung und Verbesserung des Bestehenden, die der ganzen Stadtgesellschaft zugutekommen sollte. Der Kölner Stadtbaumeister Johann Peter Weyer, der Anfang des 19. Jahrhunderts die Architektur in Köln bestimmte, träumte beispielsweise von prachtvollen Boulevards und Plätzen nach dem Vorbild der Stadt Paris. Dabei ging es ihm um eine Modernisierung der mittelalterlichen Stadt. Licht und Luft sollte in die Enge der Straßen einziehen.

Und dennoch spielt der Begriff der »Dekoration« bei den Bauten des Historismus eine Rolle: Bei neuen Bauaufgaben nämlich, die ins Stadtbild eingegliedert werden mussten. Wie aber integriert man einen Bahnhof, Lagerbauten, Brücken, Schulen und Museen, auch Industriebauten in das Bild einer Stadt, die immer noch mittelalterlich geprägt ist? Deren charakteristisches Panorama von den Kirchtürmen der romanischen und gotischen Kirchenbauten bestimmt ist? Nun kommt die Dekoration ins Spiel. Die Neubauten wurden mit historischen Stilformen dekoriert, um sie dem bestehenden Stadtbild anzupassen, um mit den Altbauten ein Ensemble zu bilden. Als Stadtbaumeister Weyer zwischen 1835 und 1838 ein neues Lagerhaus am Rhein

Köln vom Deutzer Ufer gesehen mit dem vollendeten Dom, Groß St. Martin und dem Lagerhaus Ahren sowie der Schiffbrücke, um 1895

errichtete, das Lagerhaus Ahren, dekorierte er dessen Fassade mit Elementen, die auch an mittelalterlichen Bauten in Köln auftauchen: mit Eckerkern, Maßwerk und Zinnen. Die Restaurierung des Rathauses, der Anbau an den mittelalterlichen Gürzenich und natürlich der Ausbau des Domes, all diese Maßnahmen standen unter der Maxime, das Dekor dem Vorhandenen anzupassen, damit eine stilistische Einheit entsteht und keine Brüche im Zeitverlauf zu erkennen sind.

Aus denselben Gründen wurde das 1855–61 errichtete Wallraf-Richartz-Museum mit (neu-)gotischen Stilelementen geschmückt. Es sollte mit der benachbarten Minoritenkirche und dem noch erhaltenen Kreuzgang der Minoriten eine Einheit bilden. Ein ähnliches Phänomen dieser Angleichung an benachbarte historische Bauten war die berühmte »Muusfall« (Mausefalle), die erste Brücke über den Rhein mit ihren neugotischen Portalbauten, die 1860–61 ausgeführt wurden und mit der Architektur des gotischen Domes ein Ensemble bilden sollten.

Wallraf-Richartz-Museum, Foto um 1900

Rheinbrücke »Muusfall«, Foto um 1895

Doch die »Dekoration« der Stadt erforderte noch weitere Maßnahmen – vor allem in der zweiten Jahrhunderthälfte. Mit dem Ausbau der Neustadt ab 1881 entstanden ringförmig um die Altstadt, auf dem Reißbrett, neue Stadtteile. Diese galt es zu gestalten. Öffentliche Bauten wie die Oper am Habsburger Ring, das Kunstgewerbemuseum am Hansaring, die Handelshochschule und die Technische Hochschule, das Rautenstrauch-Joest-Museum und die an der Ringstraße oder zu derselben ausgerichteten Kirchenbauten zeugen in ihrem Schmuckreichtum von dem Gestaltungswillen der damaligen Generation. Die Ringstraße selbst wurde mit Grünanlagen, Brunnen und Denkmälern »dekoriert«. Doch auch die »Altstadt« wurde verschönert. Es entstanden der Heinzelmännchenbrunnen Am Hof, der Jan-von-Werth-Brunnen auf dem Alter Markt und der Hermann-Joseph-Brunnen am Waidmarkt. Und nach der Vollendung des Domes rückte die Domumgebung ins Blickfeld. Vor der Westfassade wurde ein Schmuckplatz angelegt, auf den die – jedoch nicht zur Ausführung gelangte – Kaiserstraße hinführen sollte.

Multa renascentur
quae iam cecidere

Wallraf-Richartz-Museum, Treppenhaus mit der Ausmalung von Edward von Steinle, (links im Bild »Die Renaissance der Kunst«, rechts »Der Ausbau des Domes«), Foto um 1900

Entwürfe für das Treppenhaus des Wallraf-Richartz-Museums

Edward von Steinle, 1855/1857, Aquarellierte Bleistift- und Federzeichnung auf Papier
Kölnisches Stadtmuseum, Graphische Sammlung

Mit dem Tod und der testamentarischen Verfügung des Kölner Kanonikus, Gelehrten und Kunstsammlers Ferdinand Franz Wallraf im Jahr 1824 wurde die Stadt Köln verpflichtet, für dessen Sammlung ein städtisches Museum einzurichten. Verschiedene Standorte und Lösungen wurden in den folgenden Jahrzehnten in der Stadt diskutiert. Es waren dann vor allem denkmalpflegerische Gründe, die den späteren Standort an der Minoritenkirche (An der Rechtsschule, heute befindet sich hier das Museum für Angewandte Kunst) ins Spiel brachten: Der preußische Konservator Ferdinand von Quast wollte den dort erhaltenen gotischen Kreuzgang bewahren und schlug für ihn eine neue Nutzung vor: Er sollte, wie es dann auch geschah, in den Museumskomplex integriert werden. Der Bau war eine Stiftung des Kölner Händlers Johann Heinrich Richartz und entstand nach einem langen Entwurfsprozess, in den Pläne des Dombaumeisters Ernst Friedrich Zwirner, des Berliner Architekten Friedrich Stüler und des damaligen Kölner Stadtbaumeisters Julius Raschdorff eingingen. Die Ausführung übernahm der Kölner Architekt Joseph Felten ab 1855. Bereits bei der Fundamentierung wurde über das Bildprogramm der Ausmalung diskutiert. Richartz hatte für die Ausmalung des monumentalen Treppenhauses eine Summe von 24.000 Talern zur Verfügung gestellt und mit dieser Aufgabe den am Frankfurter Städel tätigen Künstler Edward von Steinle beauftragt. Thema der insgesamt vier Wandbilder war die Verherrlichung der Geschichte Kölns. Dreh- und Angelpunkt bildete dabei der Kölner Dom. Steinle gliederte die Geschichte der Stadt in drei große Epochen: die römische und romanische Zeit (vor dem Bau des Kölner Domes), dann das Mittelalter (mit dem Bau des Kölner Domes) und schließlich die Renaissance der Kunst und der Ausbau des Domes ab 1842. Dass er dabei das Leben verschiedener Menschen und Generationen auf den Bildern vereinte und damit utopische Szenen schuf, wurde zwar verschiedentlich diskutiert, aber festgestellt, dass es sich nicht um das Leben einer Person handle. Vielmehr sei es »das Leben Kölns, das in all' den verschiedenen Generationen, z. B. vom 4. bis zum neuen Jahrhunderte dasselbe Köln ist«(Dietrich Becker, 1859). Wie prunkvolle Historienbilder führten die Wandgemälde als Dekoration des Gebäudes die Bedeutung seines Inhaltes (die Kunst vom Mittelalter bis zum 19. Jahrhundert) vor Augen. ▮

Edward von Steinle, (nicht ausgeführter) Entwurf für das Treppenhaus des Wallraf-Richartz-Museums: Zu sehen sind von links nach rechts der erste Kurator der Sammlung Matthias Joseph de Noël, der Architekt Franz Christian Gau, Ferdinand Franz Wallraf, auf das Haupt der Medusa gelehnt, dahinter der Philosoph Friedrich Schlegel, der Publizist Joseph Görres, Bertrand, die Kunstsammler Melchior und Sulpiz Boisserée, rechts Johann Heinrich Richartz als Stifter mit dem Plan des Museums.

»Unter dem Messer«

Die romanischen Kirchen werden »geliftet«

Neben den Neubauten und der Vollendung des Kölner Domes widmeten sich die Kölner im 19. Jahrhundert auch ihren mittelalterlichen Kirchenbauten. Ihre Umgestaltung und Neuausstattung hatte dabei in allen Jahrhunderten eine große Rolle gespielt. Selbstverständlich waren auch die Kirchenbauten den jeweiligen Bedürfnissen und religiösen Verehrungsformen angepasst worden. In der Barockzeit wurden Fenster vergrößert oder auch vermauert, um Altarbauten zu inszenieren, neue Portale eingesetzt oder Nebenchöre, die nicht genutzt wurden, abgebrochen. Im Laufe der Jahrhunderte hatten sich also die romanischen Kirchen in der Kölner Altstadt erheblich verändert – der ursprüngliche Zustand der Bauten war teilweise nur schwer zu erkennen.

Hinzu kam, dass mancher Bau durch die politischen und gesellschaftlichen Veränderungen dem Verfall preisgegeben war. Nach der Einnahme durch die Franzosen vollzog sich 1802 in Köln die Säkularisation – also die Verstaatlichung kirchlichen Besitzes. Damit wurden die geistlichen Einrichtungen, die bisher die romanischen Kirchen unterhielten, aufgelöst: die Benediktinerklöster mit Groß St. Martin und St. Pantaleon, die Stifte mit St. Ursula, St. Cäcilien und St. Maria im Kapitol, St. Gereon, St. Kunibert, St. Severin, St. Aposteln, St. Andreas und St. Georg. Diese romanischen Bauten gingen an die jeweilige Pfarrgemeinde zur Nutzung – und zur finanziellen Erhaltung. Einzig St. Maria Lyskirchen war Pfarrkirche gewesen und blieb es auch. Die bestehenden alten Pfarrkirchen, die in der unmittelbaren Nachbarschaft entstanden waren, wurden größtenteils abgebrochen, die Kreuzgänge und Stiftsbauten verschwanden – bis auf wenige Ausnahmen. Der Fokus der Erhaltung lag auf den großen Stifts- und Klosterkirchen, die stark renovierungsbedürftig waren: Dächer mussten ausgebessert, Mauern und Gewölbe gestützt, Turmhelme gar abgetragen werden.

Restaurierungsarbeiten an St. Severin, Foto 1884

In den 1830er Jahren entstanden dann erste Ideen, die Bauten zu retten und wieder in ihrer einstigen Pracht erscheinen zu lassen und den

St. Severin vor und nach der Restaurierung des 19. Jahrhunderts (unten, Foto 1854; links, Foto um 1907). Deutlich sind die Veränderungen am Westurm, den Chortürmen wie auch den Dächern der Seitenschiffe zu erkennen.

»ursprünglichen«, also mittelalterlichen Zustand wiederherzustellen. Doch es dauerte Jahrzehnte, bis tatsächlich die finanziellen Mittel für solche »Schönheitsoperationen« vorhanden waren. In der zweiten Hälfte des 19. Jahrhunderts, vor allem ab 1880, wurde dann überall an den romanischen Kirchen renoviert. Nachdem der Dom vollendet war, wurde an beinahe jeder romanischen Kirche gebaut. Nach diesem »Lifting« zeigten sie sich in großem Glanz: Dächer waren erneuert worden, verwittertes Mauerwerk ersetzt (zeitweise wurden Steine sogar mit einem Werkzeug abscharriert), Putzreste entfernt. Fenster und Anbauten, die stilistisch nicht zum Gesamtbild passten, wurden kurzerhand umgebaut oder entfernt. Um die Bauten »romanischer« wirken zu lassen, scheute man zwischenzeitlich auch nicht davor zurück, Rundbögen, Friese und Fächerfenster anzubringen – auch wenn es sich gar nicht in jedem Fall belegen lässt, dass diese im Mittelalter überhaupt vorhanden waren.

Im Inneren war schon in der Mitte des 19. Jahrhunderts die barocke Ausstattung größtenteils aus den Kirchen entfernt worden. So wie der Bau in seinem Äußeren wieder den gedachten »ursprünglichen« Charakter wiedererlangen sollte, so sollten auch im Innern die romanischen Kirchen wieder »stilrein« werden. Ausstattungsstücke wie Altäre, Kanzeln und Kommunionbänke wurden neu angeschafft. Stilistisch sollten sie sich dem Inneren des Baus anpassen und wieder ein »mittelalterliches« Ganzes schaffen. Daher erhielten diese neuen Objekte neugotische oder neuromanische Stilformen.

Die in der Barockzeit hell gefassten Wände galten ebenfalls als nicht mehr zeitgemäß: Da bekannt war, dass die mittelalterlichen Kirchen in ihrem Inneren mit farbigen Wandgemälden geschmückt waren, sollte wieder Farbe in den Innenraum einziehen. Häufig kamen bei den Vorbereitungen zur Neuausmalung mittelalterliche Wandmalereien zum Vorschein. Die Entdeckung und Konservierung der bis heute erhaltenen mittelalterlichen Malereien in St. Cäcilien und St. Maria Lyskirchen zeugen davon. Andere Kirchen wurden völlig neu ausgemalt.

St. Severin (li.) und St. Aposteln (re.), Farbzeichnung, Klee, 1930 und 1926, Kölnisches Stadtmuseum, Graphische Sammlung

St. Andreas, Chorfenster von 1899, Foto 2011

St. Andreas

Als »kleiner Nachbar« des Domes war nach der Säkularisierung die Erhaltung der ehemaligen Stiftskirche St. Andreas zunächst fraglich. Doch die Pfarrgemeinde konnte sich erfolgreich für ihren Umbau einsetzen. So wie heute St. Andreas durch die spektakulären Glasfenster von Markus Lüpertz auf sich aufmerksam macht, so nahm schon im 19. Jahrhundert die Glasmalerei dort einen besonderen Stellenwert ein. Von dem für St. Andreas geschaffenen Zyklus von Glasfenstern des Historismus, der sich über alle Fenster der Kirche erstreckte, sind heute nur noch die Fenster im Chor erhalten. Sie zeigen die Dreifaltigkeit mit Maria und Johannes dem Täufer, darunter die Gläubigen (mit Papst und Kaiser), in den seitlichen Fenstern sind die Apostel und Heilige dargestellt.

Figur des Joseph vom ehemaligen Joseph-Altar
Otto Mengelberg (zugeschr.)
um 1891, Holz, gefasst
Katholische Pfarrgemeinde St. Andreas

Die Figur gehört vermutlich zu einem zwischen 1895 und 1900 entstandenen Altar für den heiligen Joseph, der sich ehemals in einer der nördlichen Seitenkapellen befand. Joseph ist als inniger Beschützer des Jesuskindes dargestellt, wie es im 19. Jahrhundert stark verbreitet war. Die Josephsikonografie spielte im Historismus eine bedeutende Rolle, da Joseph auch als Beschützer der Institution Kirche gedeutet wurde. So wie er das Jesuskind durch die Flucht nach Ägypten vor dem Tode rettete, so wurde er auch als Retter der (in Bismarcks Kulturkampf) gefährdeten Kirche gedeutet.

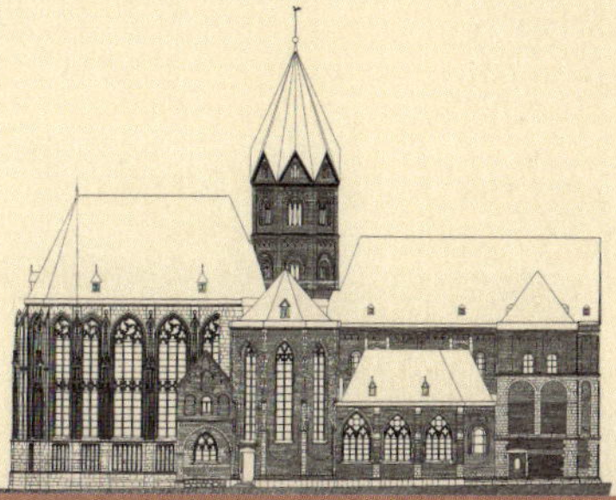

1803 Ernennung zur Hilfspfarrkirche
1833 Ernennung zur Pfarrkirche
1850–1853 Umgestaltung der Westfassade nach Plänen des Kölner Stadtbaumeisters Bernhard Harperath
1860 Restaurierung des Vierungsturmes durch Heinrich Nagelschmidt
1876–1877 Freilegung des Triforiums und Einfügung von neuromanischen Rundbogenfenstern nach Plänen der Gebrüder Bong
1890–1899 Wiederherstellung der Querhausabschlüsse und des Chores unter der Leitung von Theodor Krämer
ab 1899 Herstellung der Chorfenster durch die Kölner Glasmalereiwerkstatt Schneiders und Schmolz, finanziert durch Stifterfamilien (u.a. Antonia Gründgens, der Ehefrau des verstorbenen Unternehmers Franz Carl Guilleaume)

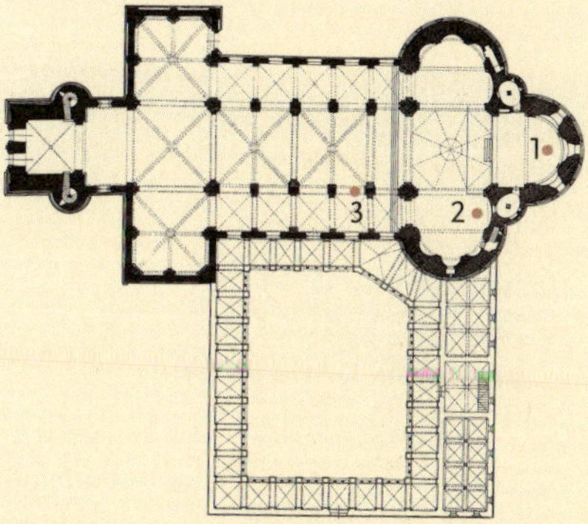

1 Hochaltar
2 Josephsaltar
3 Anna-Altar

St. Aposteln

Der stolze Bau am westlichen Ende des Neumarktes stand nach der Säkularisation vor großen Problemen. Die Schäden am romanischen Gewölbe waren so groß, dass der Stadtbaumeister die Kirche zeitweilig sperren lassen musste. Erst zur Jahrhundertwende war dann die Pfarrgemeinde so wohlhabend, dass sie sich eine Neuausstattung leisten konnte, die in Köln einmalig war: Das Innere schmückten farbige Glasmosaiken, im Chor glänzte ein prunkvoller Hochaltar. Von diesem sind heute nur noch Reste erhalten.

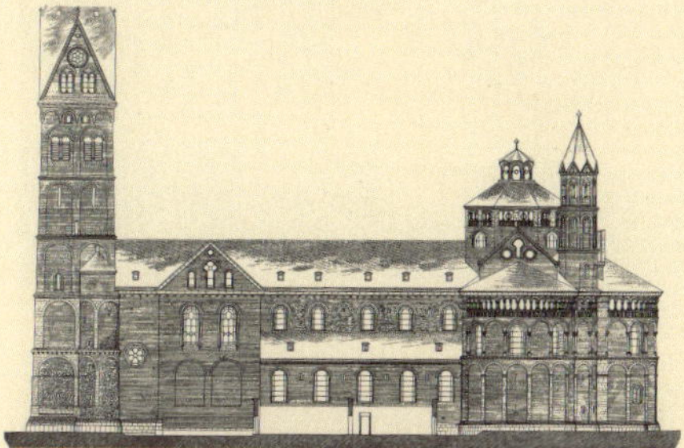

St. Aposteln, Ostseite vom Neumarkt aus gesehen, Foto um 1920/1930

1802 Säkularisierung des Stifts
1822 Baupolizeiliche Schließung der Kirche wegen Einsturzgefahr des Gewölbes
1822–1825 Abbruch des mittelalterlichen Gewölbes und Einzug eines Holzgewölbes im Mittelschiff nach Plänen von Stadtbaumeister Johann Peter Weyer
1871–1887 Restaurierung nach Plänen von Heinrich Nagelschmidt: Neubau des südlichen Westquerhauses, Restaurierung des Turmes und der Ostseite, Neubau der Nordseite und Einzug eines neuromanischen Steingewölbes im Mittelschiff
1895–1897 Mosaizierung der Ostkonche auf Wunsch des damaligen Pfarrers August Savels nach den Plänen von Alexius Kleinertz
1899–1915 Mosaizierung der Vierungskuppel, der Nord- und Südkonche, des Mittelschiffs und des Westquerhauses nach Plänen von Friedrich Stummel

1 *Erhaltene Reste des Hochaltares*
Josef Windhausen (Entwurf) und Ferdinand Langenberg (Ausführung), Goch, 1909–1911
Eichenholz, teilweise Matt- und Glanzgoldbeschichtung, Messing (vergoldet), Kupfer, Stahl, Glas, Halbedelsteine
Museum Goch und katholische Pfarrgemeinde St. Aposteln

Höhepunkt der historistischen Chorgestaltung war der monumentale Hochaltar, dessen Flügel sich seitlich öffnen ließen. Das über 40.000 Mark teure Kunstwerk war durch eine Stiftung der Familie des Unternehmers Max Guilleaume (1866–1932), einer der Söhne von Franz Carl, dem Gründer von Felten & Guilleaume, finanziert worden. Das Antependium hatte die Pfarrgemeinde anlässlich des Goldenen Priesterjubiläums von Pfarrer Savels gestiftet. Der Entwurf für den Altar stammte von dem in der Firma Langenberg in Goch tätigen Geistlichen Josef Windhausen, die Ausführung übernahm Ferdinand Langenberg mit seiner Werkstatt. Den Kontakt zu den niederrheinischen Künstlern hatte vermutlich Friedrich Stummel hergestellt, der durch die Ausmalung der Marienkirche in Kevelaer Kontakte nach Goch hatte. Von dem teilweise in galvanoplastischem Verfahren durch die Firma WMF hergestellten Altar haben sich drei Tafeln aus dem Innenteil erhalten. Außerdem sind der Korpus des Christus und eine Reihe der Apostelreliefs der Altarmensa (s. Abb. li.) noch vorhanden.

2 *Erhaltene Reste des Josephsaltares*
Jakob Holtmann, Kevelaer,
1909, Eichenholz, vergoldet und
farbig gefasst
Katholische Pfarrgemeinde
St. Aposteln

In der heute noch vorhandenen östlichen Nische der Südkonche befand sich unter einem Mosaikbild mit Darstellung seines Todes ein Altar für den heiligen Joseph. Die Mitteltafel des Altares zeigte ihn als Zimmermann (mit Säge), wie er den Jesusknaben beschützt. Von den um das Mittelbild angeordneten seitlichen sechs Tafeln sind heute noch vier vollständig erhalten, von einer Tafel ist noch ein Fragment vorhanden. Sie zeigen Szenen aus der Kindheitsgeschichte Jesu (Traum des Joseph, Geburt, Flucht nach Ägypten (s. Abb. o.), Darbringung Jesu im Tempel, Beschneidung Jesu und vermutlich die Heilige Familie). ▮

3 *Erhaltene Reste des St.-Anna-Altares*
Alexander Schnütgen (Entwurf),
Wilhelm Mengelberg (Ausführung),
1908, Eichenholz, Alabaster
Katholische Pfarrgemeinde St. Aposteln

An der Westseite des südöstlichsten Mittelschiffpfeilers wurde ein Altar zu Ehren der heiligen Anna errichtet, dessen Mittelpunkt eine Anna selbdritt war. Diese Figur ist erhalten (s. Abb. li.): Sie zeigt die sitzende Anna, die mit ihrer Rechten ihre Tochter Maria als junges Mädchen umfasst, auf ihrem linken Knie sitzt der Jesusknabe, dem sich Maria liebevoll zuwendet. Unter der Figur befanden sich links und rechts des Tabernakels zwei ebenfalls noch erhaltene Alabasterreliefs, die den heiligen Joachim, den Ehemann der Anna, und den heiligen Joseph zeigen. Auch dieser Altar war eine Stiftung der Familie Max Guilleaume. Anlass war die Erstkommunion von deren Tochter Margaretha. Zahlreiche Namenspatrone der Familie wurden auf dem Altar verwirklicht. Auf den Flügeln des um die Figur gebauten Schreins waren unter anderem die heilige Clara (Mutter der Margaretha Guilleaume) und der heilige Maximin (Vater der Margaretha Guilleaume) sowie die heilige Margaretha selbst dargestellt. ▮

St. Cäcilien, Blick auf die Nordwand des Chores, Foto um 1920

St. Cäcilien

Bis heute hat die Cäcilienkirche durch ihre Nutzung im Museum Schnütgen eine Sonderstellung. Diese geht auf das 19. Jahrhundert zurück. Durch kaiserliches Dekret ging die Kirche nach der Säkularisation des Stiftes im Jahr 1805 in städtischen Besitz über. Sie wurde dann als Kirche des neu errichteten Bürgerhospitals genutzt und in den Neubau von Johann Peter Weyer integriert. Es entstand eine neue Westfassade mit neuromanischem Portal. Dessen interessanter Bauschmuck, der mit seinen Figuren auf die Revolution von 1848 anspielt, hat sich bis heute erhalten. Erkennbar ist beispielsweise ein Revolutionär mit Jakobinermütze. Ende des 19. Jahrhunderts erfolgte die Freilegung und Konservierung der bedeutenden mittelalterlichen Wandgemälde im Chor.

Skulpturenschmuck der Westfassade
Christian Mohr (zugeschr.)
1849 (Auftrag für den Bildschmuck des Westportals)
Sandstein

Das Tagebuch von Sulpiz Boisserée gibt Auskunft über die Ausführung eines Tympanonreliefs durch den Bildhauer Christian Mohr. Sicherlich beschränkte sich der Auftrag des an der Dombauhütte tätigen Künstlers nicht nur auf das Tympanon, sondern auch auf die Skulpturen der schmückenden Bogenläufe, der Kapitelle und der bildhauerisch gearbeiteten Konsolen des Rundbogenfrieses über dem Portal. Wie festgestellt werden konnte, wird hier, angelehnt an spätgotische Drolerien, auf die Nutzung des Gebäudes sowie auf die zeithistorischen Verhältnisse des Revolutionsjahres 1848 angespielt: Mohr, beziehungsweise der entwerfende Bildhauer, versteckte in der inneren Girlande und in den Kapitellen Figuren und Tiere, die durch ihre Attribute und Tätigkeiten erst auf den zweiten Blick ihren Sinn offenbaren. Den Bezug zur damaligen politischen Situation bilden die Figur eines Freiheitskämpfers, der an seiner Jakobinermütze zu erkennen ist, und eines Mannes in Uniform mit preußischer Pickelhaube – Stellvertreter für den zeithistorischen Gegensatz zwischen Revolution und preußischer Staatsmacht?

1802 Aufhebung des Stifts
1805 Durch kaiserliches Dekret geht die Kirche in die städtische Hospitalverwaltung über.
1843–1849 Neubau des Bürgerhospitals durch Stadtbaumeister Johann Peter Weyer. Die Kirche wird in den Neubau als Krankenhauskirche integriert und erhält eine neue Westfassade.
1849 Figurenschmuck des neuromanischen Hauptportals
1894–1898 Restaurierung durch Stadtbaumeister Friedrich Carl Heimann, bei der vor allem die Fenster neuromanisch umgestaltet wurden
1894 Beginn der Freilegung der mittelalterlichen Wandgemälde mit der Legende der heiligen Cäcilia und Darstellungen aus dem neuen Testament im Chor
1896 Neuausmalung mit sitzenden Heiligenfiguren der heiligen Kölner Bischöfe am Obergaden

Monstranz
Gabriel Hermeling
Um 1900, Silber, vergoldet,
Grubenschmelzemail, Steinbesatz
Katholische Pfarrgemeinde St. Georg

Wie diese Monstranz anschaulich zeigt, reichte die »stilgerechte« Ausstattung im Historismus bis in den Kirchenschatz hinein. Denn der Kölner Gabriel Hermeling gab ihr eine neuromanische Formensprache. Für Monstranzen, die der Zurschaustellung des Allerheiligsten dienen, herrschte im 19. Jahrhundert durch die zahlreichen Prozessionen großer Bedarf. Hermeling konnte jedoch nicht auf romanische Vorbilder zurückgreifen. Da Monstranzen erst nach 1264 mit der Einführung der Fronleichnamsprozession entstanden, gab es keine Exemplare der Romanik. Vielmehr orientierte er sich am Aufbau barocker Sonnenmonstranzen und kombinierte ihn mit dem reichen Fundus romanischer Ornamentformen, die er aus der romanischen Architektur und Skulptur entlehnte. In der Mitte befindet sich der verglaste Schaukörper, den vier Tondi mit den Evangelistensymbolen rahmen. Darüber thront Christus, links und rechts sind die beiden Titelheiligen der Kirche St. Georg (links) und St. Jakob dargestellt, jeweils vor einem Sternenhimmel. In den Zwischenräumen sind auf türkisfarbenem Email sechs Propheten mit Schriftbändern zu sehen, die den Alten Bund versinnbildlichen sollen. Auf dem Fuß sind mit dem Lamm Gottes, dem Löwen von Juda, Phönix und Pelikan Symbole angebracht, die auf das Gottesopfer hinweisen.

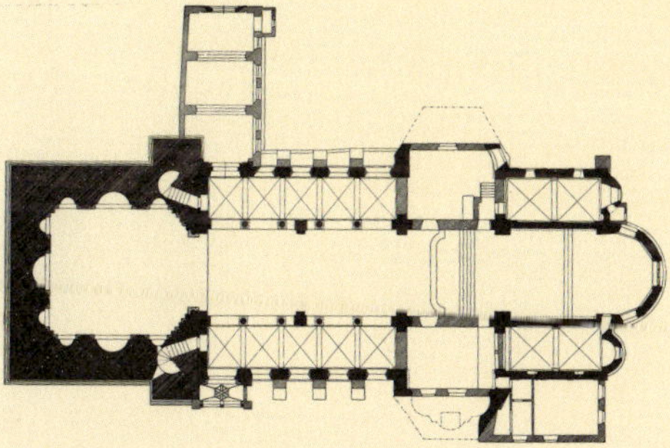

St. Georg

Die Restaurierung von St. Georg zwischen 1927 und 1930 durch den Ingenieur Wilhelm Schorn, den Kunsthistoriker Albert Verbeek und den Architekten Clemens Holzmeister leitete das Ende des Historismus in den romanischen Kirchen ein. Bereits mit dieser Restaurierung des 20. Jahrhunderts verschwanden die späthistoristischen Ausstattungen des 19. Jahrhunderts. Die Ausmalung, der Hochaltar und zahlreiche andere Gegenstände wurden aus dem Kircheninneren verbannt. Erhalten hat sich davon nur der ehemalige Hochaltar von 1910, der in der Rosenkranzkirche von Bad Neuenahr wieder aufgestellt wurde. Zum Ensemble des Stadtbildes um den Waidmarkt, wie es im Historismus geplant war, gehört aber bis heute der Hermann-Joseph-Brunnen. Mit seinen neuromanischen Architekturelementen ist er bewusst der Nachbarschaft der Kirche angepasst.

1802 Aufhebung des Stifts
1829–1835 Bauliche Sicherung der Kirche durch Mauerstützen
1834 Aufstellung eines neuen Hochaltares nach einem Entwurf des Kölner Dombaumeisters Ernst Friedrich Zwirner
1847–1855 Pläne für einen Umbau zur neuromanischen Basilika ohne Gewölbe scheitern wegen Geldmangel.
1876–1880 Restaurierung unter Heinrich Nagelschmidt. Während dieser Maßnahme entsteht eine neue Kaplanei an der Nordwestseite sowie die neuromanische Fassade der Vorhalle im Norden, von der heute noch das Portal erhalten ist.
1910 Aufstellung eines neuen Hochaltares nach einem Entwurf von Heinrich Renard

»Wat dat all kost!«

Denkmalpflege und ihre Finanzierung in Köln

Die Unterhaltung denkmalgeschützter Bauten kostet Geld. Zwar ist Denkmalschutz im heutigen Sinne eine moderne Erfindung, an den mittelalterlichen Kirchenbauten Kölns wurden aber auch bereits zuvor Baumaßnahmen durchgeführt. Schon im 17. und 18. Jahrhundert riss die Pflege und Sorge um ihre Erhaltung nicht ab. Allerdings mit dem Ziel, die Bauten den entsprechenden liturgischen Veränderungen anzupassen – und somit zu verändern. Mit der Säkularisation 1802 und dem Übergang der ehemaligen Stifts- und Klosterkirchen an die Pfarrgemeinden brach jedoch auf einen Schlag die finanzkräftige Bauunterhaltung durch die geistlichen Einrichtungen weg. Damit bestand in den ersten Jahrzehnten des 19. Jahrhunderts bei vielen romanischen Kirchen die Gefahr eines Verfalls, denn den Pfarrgemeinden fehlte häufig das Geld für das Nötigste. Die baupolizeilichen Sperrungen von Kirchen wie St. Aposteln, St. Georg und St. Kunibert Anfang des 19. Jahrhunderts zeigen dies anschaulich.

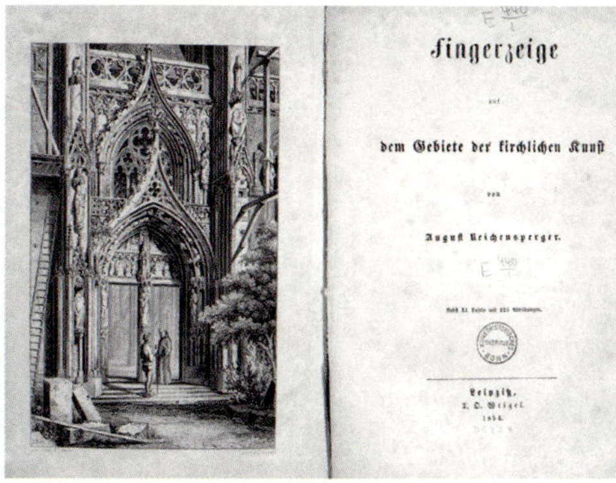

Doch brachten Baufälligkeit und drohender Verfall zahlreiche Privatleute auf den Plan, die sich nun für den Erhalt des vaterstädtischen Erbes einsetzten. Aber nicht nur die romanischen Kirchen erweckten nun das Interesse. Das Mittelalter allgemein – insbesondere der Kölner Dom, aber auch andere Bauten – faszinierte. Schriftsteller und Kunstsammler, Männer wie Ferdinand Franz Wallraf und Sulpiz Boisserée in Köln, aber auch Architekten wie Karl Friedrich Schinkel in Berlin setzten sich für die Erhaltung und Wiederherstellung mittelalterlicher Bauten ein. Als dann mit Friedrich Wilhelm IV. im Jahr 1840 ein »Romantiker« auf

Groß St. Martin während der Restaurierung der Westseite 1866/67, deutlich sind die noch nicht beseitigten Bauschäden am Westturm zu erkennen.

Das **Organ** erscheint alle 14 Tage 1½ Bogen stark mit artistischen Beilagen.

Nr. 1. — Köln, den 1. Januar 1856. — VI. Jahrg.

Abonnementspreis halbjährlich d. d. Buchhandel 1½ Thlr. d. d. k Preuss. Post-Anstalt 1 Thlr. 17½ Sgr.

Inhalt: Ueber einige mittelalterliche Kirchen in den Niederlanden (Holland und Belgien). — Die christliche Kunst in Paris. I. — Constanz. — Der christliche Kunstverein für Deutschland. — Besprechungen etc.: Brüssel. Mailand. Paris. London. — Literatur: Gothisches Musterbuch, von V. Statz und G. Ungewitter. Geschichte der Baukunst, von Franz Kugler. — Literarische Rundschau. Artistische Beilage.

Titelbild der Zeitschrift »Organ für christliche Kunst« von Friedrich Baudri, 1856

den Thron kam, also jemand, der das Mittelalter und seine Kunst sehr verehrte, wurde auch von staatlicher Seite das mittelalterliche Erbe in ganz Preußen stärker in Augenschein genommen.

Die Kölner Stadtverwaltung versuchte, zur baulichen Instandhaltung der Kirchengebäude enger mit den einzelnen Pfarrgemeinden zusammenzuarbeiten. Doch Versuche, eine Instanz zu etablieren, die aus Mitgliedern des Stadtrates wie auch der einzelnen Pfarrgemeinden bestand, scheiterten. Die Pfarrgemeinden beriefen sich auf ihre Unabhängigkeit und pochten auf ihr Recht, als Bauherren auch selbst die Restaurierung nach ihren Wünschen auszuführen. Folglich versuchte ab den 1850er Jahren die erzbischöfliche Verwaltung, immer stärker auf die kirchliche Kunst Einfluss zu nehmen. Veröffentlichungen wie das »Organ für christliche Kunst« von Friedrich Baudri oder die »Fingerzeige auf dem Gebiete der kirchlichen Kunst« von August Reichensperger und Vincenz Statz sollten die Auftraggeber erziehen und ihnen einen Leitfaden für die »richtige« Kunstrichtung mit auf den Weg geben. Das Erzbistum Köln gab dabei Neuromanik oder Neugotik als Stil bindend vor.

Der Fall St. Mauritius

In der Nähe des Zülpicher Platzes, dort, wo heute die nach dem Zweiten Weltkrieg wieder aufgebaute Mauritiuskirche steht, befand sich bis 1859 die romanische Kirche St. Mauritius. Denkmalpfleger, allen voran der preußische Konservator Ferdinand von Quast, rühmten sie als ein besonderes Beispiel der mittelalterlichen Baukunst. Und dennoch gelang es nicht, den romanischen Bau zu erhalten: Der Bau war – wie die meisten romanischen Kirchen – im Laufe der Jahrhunderte mehrmals verändert worden. Dennoch war der ursprüngliche Bestand noch gut erkennbar. Dann stiftete der wohlhabende Kölner Rentner Franz Heinrich Nikolaus Franck im Frühjahr 1856 die Summe von 80.000 Talern für einen Neubau. Nun standen die Befürworter eines Neubaus den Denkmalschützern gegenüber. An die Stiftung von Franck war zudem die Bedingung geknüpft, dass der Kölner Architekt Vincenz Statz den Bau der neuen Pfarrkirche übernehmen sollte. Statz war ein Schüler der Kölner Dombauhütte unter Zwirner gewesen und als Gutachter für das Erzbistum Köln in Bausachen tätig. Die Mauritiuskirche sollte sein erster größerer Bauauftrag werden. Kein Wunder, dass das »Organ für christliche Kunst« für ihn Partei ergriff. Statz war mit Glasmaler Friedrich Baudri, dem Herausgeber des »Organs«, eng befreundet, gemeinsam hatten die beiden eine Werkstatt für Glasmalerei geführt. Wenn auch sonst von der Zeitschrift immer die Erhaltung mittelalterlicher Kunst propagiert wurde – nun sah man die Gelegenheit, die Altstadt Kölns um einen prächtigen Neubau reicher machen zu können. Nachdem Statz bei einer Bauuntersuchung auch mangelnde Fundamentierungen festgestellt hatte, wurde trotz aller Bemühungen der Denkmalpflege das Todesurteil über den romanischen Bau gefällt. Wie St. Mauritius erging es noch vielen anderen mittelalterlichen Bauten in Köln. Während auf der einen Seite neugotisch und neuromanisch gebaut wurde, verschwanden gleichzeitig tatsächlich noch erhaltene mittelalterliche Bauwerke aus dem Bild der Stadt.

Die romanische Mauritiuskirche, Cranz/Wegelin, Aquarell, um 1845, Kölnisches Stadtmuseum, Graphische Sammlung

Die neugotische Kirche St. Mauritius, Vincenz Statz, Aquarell, Kölnisches Stadtmuseum, Graphische Sammlung

Fundraising anno 1900

Doch woher stammten überhaupt die Mittel für die kostspieligen Restaurierungsmaßnahmen? Im 19. Jahrhundert war man durchaus erfinderisch. Seit Mitte des 19. Jahrhunderts existierten in einigen Pfarreien Bauvereine, die über ihre Mitglieder Geld für die Instandhaltung und Neuausstattung der Kirchenbauten sammelten. Man traf sich und erfreute sich bei Gesang und Getränk an der Geselligkeit. Aber auch Feste und Konzerte wurden von den Vereinen ausgerichtet, die dann den einzelnen Bauvorhaben zugutekamen. Darüber hinaus gab es Sammler, die fleißig von Haus zu Haus gingen und bei den Einwohnern um eine Spende baten. Natürlich brachte auch der Klingelbeutel in der Kirche gewisse Einnahmen. In einzelnen Fällen, denn dazu war eine staatliche Genehmigung erforderlich, folgten die Pfarrgemeinden dem Vorbild der Dombaulotterie. Durch den Verkauf von Losen konnten beispielsweise die Innenausstattung von Groß St. Martin und die Chorrestaurierung von St. Ursula finanziert werden. Auch Kirchensteuereinnahmen konnten für Baumaßnahmen verwendet werden. In der Regel wurde dann ein Kredit aufgenommen und über Kirchensteuern refinanziert. Nicht zu vergessen sind aber die zahlreichen persönlichen Engagements der Kölner Bürgerinnen und Bürger. Viele Bestandteile der neuen Kirchenausstattung, allen voran Kirchenfenster, wurden durch Stifter finanziert, worauf dann entsprechende Inschriften hinwiesen.

St. Andreas, Stifterzeile des mittleren Chorfensters mit Hinweis auf die Stiftung der Fenster durch Antonia Gründgens für ihren verstorbenen Ehemann Carl Guilleaume, 1899

St. Gereon

»Ad sanctos aureos« – zu den goldenen Heiligen. So wird die Kirche zu Ehren des Gereon und der Märtyrer der Thebäischen Legion im frühen Mittelalter genannt. Wieder einen Innenraum zu schaffen, der dieser Betitelung würdig ist – das war der künstlerische Anspruch der Neugestaltung der Kirche im 19. Jahrhundert. Die ersten Sicherungsmaßnahmen erfolgten dabei schon in der ersten Jahrhunderthälfte nach dem Abbruch des Kreuzganges und der Stiftsgebäude. Es folgte die bauliche Sicherung des Dekagons von außen. Höhepunkt aber war die Neuausmalung des Dekagons nach den Plänen von August Essenwein, dem damaligen Direktor des Germanischen Nationalmuseums in Nürnberg. Zwar ist dieses prachtvolle und durchdachte Bildprogramm verloren, einen Einblick in das Kunstschaffens des späten Historismus gibt aber die heute noch erhaltene Pietà-Kapelle mit der Figur der trauernden Muttergottes des Bildhauers Josef Reiss.

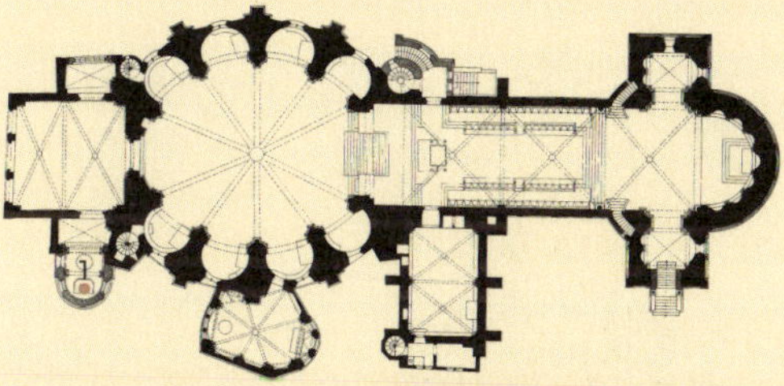

1 Pietà

1802 Aufhebung des Gereonstifts
1816–1848 Abbruch und Instandsetzungsarbeiten durch den Kölner Architekten Johann Peter Weyer. Ziel seiner Arbeit sind die Freilegung der Kirche und die Wiederherstellung des »ursprünglichen« Charakters
1858–1872 Äußere Restaurierungsarbeiten und Umbau der Altaranlage unter den Kölner Stadtbaumeistern Bernhard Harperath und Julius Raschdorff
1883–1891 Neuausmalung des Dekagons nach Plänen von August Essenwein durch den Kölner Kaplan und Maler Matthias Goebbels
1894 Erneuter Umbau der Altaranlage
1895–1898 Anbau einer Kapelle für die neu geschaffene Pietà von Josef Reiss

St. Gereon, Innenraum nach Osten nach der Ausmalung des Dekagons und der Umgestalung durch August Essenwein, Foto um 1891

Monstranz

Gabriel Hermeling
1887, Silber, vergoldet, Email, Steinbesatz
Katholische Pfarrgemeinde St. Gereon

Bei der aufwendig, durch Email stark farbig gestalteten Monstranz mit neuromanischen Formen handelt es sich um eine Stiftung der Christina Dubyen anlässlich der 1.600-Jahr-Feier des Martyriums des hl. Gereon und der Thebäischen Legion. Um das Ostensorium sind die vier Evangelistensymbole angebracht. Darüber befinden sich unter drei Baldachinen der hl. Gereon (Mitte), die hl. Helena (links) und der hl. Christophorus (rechts). In dem dreipassförmig ausgezogenen Abschluss thront Christus mit Buch. In den seitlichen, Mandorla-förmigen Nischen stehen der hl. Thomas von Aquin (links) und die hl. Juliana (rechts). In den Zwickeln sind Emailbilder der Heiligen Augustinus, Christina (die Namenspatronin der Stifterin), Aper und Magdalena, Clara und Norbert eingesetzt. ▮

1 **Pietà**

Josef Reiss,
1884 (Skizze), 1890 (Modell), 1892 (Auftrag),
1897 (Fertigstellung), Carrara-Marmor
Katholische Pfarrgemeinde St. Gereon

In einer Berliner Ausstellung der 1880er Jahre hatte der damalige Kultusminister Gustav von Gossler ein Werk des rheinischen Künstlers Josef Reiss gesehen und wollte ihm einen größeren Auftrag verschaffen. Hermann Joseph Schmitz, damals Kaplan in Düsseldorf und späterer Weihbischof von Köln, wusste den Pastor und den Kirchenvorstand von St. Gereon für das Vorhaben zu begeistern. Nachdem der Kirchenvorstand und der Kölner Erzbischof Auftragsvergabe und Material klären konnten, begann Reiss mit der Arbeit. Die Skulptur wurde hauptsächlich aus dem Staatsfonds für Kunstzwecke finanziert und kostete damals 33.000 Mark. Zunächst war eine Aufstellung in der Vorhalle geplant, doch nach der Fertigstellung entschieden sich die Beteiligten, für die Skulptur eine Kapelle an die Vorhalle anzubauen. Hier befindet sie sich heute noch. ▮

Publikation »Die farbige Ausstattung des zehneckigen Schiffes der Pfarrkirche zum Heiligen Gereon in Köln durch Wand- und Glasmalereien«
August Essenwein, 1891, Exemplar aus dem Kölnischen Stadtmuseum, Bibliothek

In einer prachtvollen, beinahe monumentalen Publikation präsentierte August Essenwein dem Publikum seine Ausstattungspläne für St. Gereon. Zu diesem Zeitpunkt war die Ausmalung der Kirche noch nicht vollendet, auch waren noch nicht alle neuen Kirchenfenster fertiggestellt. Ausdrücklich weist Essenwein in seinem Vorwort darauf hin, dass seine Publikation seine Pläne erklären – und in gewisser Weise auch rechtfertigen – sollte. Die Veröffentlichung ist dank der hervorragenden farbigen Abbildungen eine wichtige Quelle für die Bedeutung der Farbigkeit in den Innenräumen des Historismus.

St. Kunibert mit eingestürztem Westturm, Lithografie nach einer Zeichnung von Michael Welter, 1830
Blick auf das Rheinpanorama mit St. Kunibert (unten)

St. Kunibert

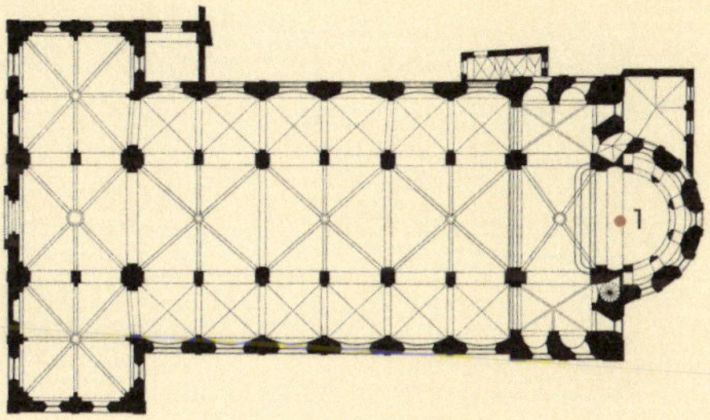

1 Ausmalung des Chores

»Wegen Einsturzgefahr gesperrt!« – eine solche Warnung musste im 19. Jahrhundert an so mancher romanischen Kirche angebracht werden. Doch kamen die Maßnahmen noch immer rechtzeitig, bevor größere Schäden passierten. Bis auf eine Ausnahme: Am Abend des 28. Aprils 1830 stürzte der Westturm von St. Kunibert ein und zerstörte das Westquerhaus und einen Teil des Mittelschiffs. Interessanterweise ist dieses Ereignis ein frühes Startsignal des bürgerlichen Engagements für die Erhaltung der romanischen Kirchen – über ein Jahrzehnt vor dem Weiterbau des Kölner Domes. Nachdem der Neubau des Westturmes abgeschlossen war, wandte man sich der inneren Ausschmückung zu: Der Innenraum wurde mit Wandmalereien nach Plänen von Michael Welter und Matthias Goebbels geschmückt. Erhalten sind davon heute nur noch die Entwürfe von Welter in der Graphischen Sammlung des Kölnischen Stadtmuseums.

1830 Einsturz des Westturmes und Beschädigung eines Teils des Kirchenbaus
1835–1838 Wiederaufbau des Westquerhauses nach Plänen von Stadtbaumeister Johann Peter Weyer
1843–1844, 1846, 1849, 1859–1860 Wiederaufbau des Westturmes
1856–1857 Ausmalung des Chores und Freilegung der mittelalterlichen Wandgemälde nach Entwürfen von Michael Welter
ab 1863 Restaurierungsarbeiten im Inneren und Äußeren
1880–1885 Ausmalung des Langhauses und der Querschiffe durch Matthias Goebbels

Herz-Jesu-Statue

Alexander Iven (zugeschr.)
Um 1890, Holz, farbige Fassung
Katholische Pfarrgemeinde St. Kunibert

In einem Kirchenführer von 1909 wird von einer Herz-Jesu-Statue in St. Kunibert berichtet, die der Kölner Künstler Alexander Iven geschaffen hatte. Möglicherweise handelt es sich dabei um diese Figur. Leider ist ihr ursprünglicher Aufstellungsort nicht zu rekonstruieren. Der Bildtradition entsprechend ist Christus mit erhobener rechter und der zur Brust genommenen linken Hand zu sehen. Auf seiner Brust zeigt sich eine stilisierte Darstellung des Herzens. Die Herz-Jesu-Verehrung war im späten 19. Jahrhundert sehr bliebt und verbreitet. Sie wurde vom Vatikan ausdrücklich gewünscht und vor allem nach dem sogenannten Kulturkampf gefördert. Im Konflikt zwischen Staat und Kirche sah man in der Verehrung des »Heiligen Herzens Jesu«, aus dem sinnbildlich die Kirche entstammt, ein (kirchen-)politisches Statement.

Monstranz

Alois Kreiten
1898, Silber, vergoldet, Email, Steinbesatz
Katholische Pfarrgemeinde St. Kunibert

Alois Kreiten schöpfte bei dieser Monstranz aus dem reichen Formenschatz der späten Romanik: Flechtbänder, polygonale Türmchen mit Faltdächern, ein zentraler Sechspass als Mittelpunkt. Die verschiedenen Elemente kombinierte er zu einem architektonischen Aufbau, dessen Zentrum der Schaukörper bildet. Um ihn herum sind in sechs Tondi die Brustbilder des Guten Hirten (oben), der Gottesmutter (unten) und der vier Evangelisten zu sehen. Den oberen Abschluss bildet eine Kreuzigungsgruppe in einem architektonischen Rahmen.

1 *Entwurf für die Ausmalung des Chores (nicht ausgeführt)*
Michael Welter
1856, Mischtechnik auf Papier
Kölnisches Stadtmuseum, Graphische Sammlung

Erste konkrete Initiativen für eine innere Ausschmückung der Kirche mit neuen Wandmalereien stammen aus dem Jahr 1852. Damals informierte Gräfin Amalia von Merfeldt den Kirchenvorstand, dass sie nach ihrem Tode zur Herstellung des Chores ein Kapital von 4.000 Talern stiften wolle. Der Privatgeistliche August Seydell sollte die sachgemäße Verwendung der Mittel und die Ausführung überwachen. Nach dem Tod der Gräfin verhandelte er mit August Reichensperger, Johann Anton Ramboux und anderen Sachverständigen. Man einigte sich darauf, dass zunächst der Chor ausgemalt werden sollte. Im Frühjahr 1854 wurde dort die Tünche vom Gewölbe abgekratzt. Die dabei entdeckten mittelalterlichen Fragmente zeigten – nach Welters Kopien zu urteilen – eine Majestas Domini mit Christus auf dem Regenbogen, die Füße auf dem Erdkreis und seine Wundmale präsentierend, sowie Maria und Johannes. Da sich die Malereien angeblich nicht restaurieren ließen, entschloss man sich, eine neue, zeitgemäße Ausmalung zu schaffen und Welter damit zu beauftragen. 1859 waren die Arbeiten vollendet. Der hier gezeigte Entwurf basiert wohl maßgeblich auf den aufgefundenen Resten. Er wurde nicht in dieser Form, aber recht ähnlich ausgeführt (der doppelte Regenbogen beispielsweise wurde nicht verwirklicht).

St. Maria im Kapitol

Die Kirche St. Maria im Kapitol nahm für die Kölner Bürger schon im Mittelalter einen besonderen Stellenwert ein, was auch die zahlreichen Stiftungen – vor allem von Kölner Bürgermeisterfamilien – zeigen. Im 19. Jahrhundert war der Zustand der Kirche kein schlechter, Neu- und Umbauten betrafen die Nord- und Südvorhalle, den Kreuzgang und die Chorseite. Da die finanzielle Situation der Pfarrgemeinde gut war, konnte hier schon recht früh im 19. Jahrhundert ein Bildprogramm im Inneren ausgeführt werden. Nach Plänen des Malers Edward von Steinle wurde die Chorapsis gestaltet, während man sich für die restlichen Ausmalungen an August von Essenwein wandte. Die Ausführung der Arbeiten übernahm der an St. Maria im Kapitol als Kaplan tätige, junge Matthias Goebbels. Zu den Neugestaltungsplänen von Essenwein gehörte auch ein monumentaler Baldachin für den Hochaltar. Dieser wurde schon in den 1930er Jahren abgebaut. Seine Reste sind erhalten und lagern im Lapidarium der Kirche.

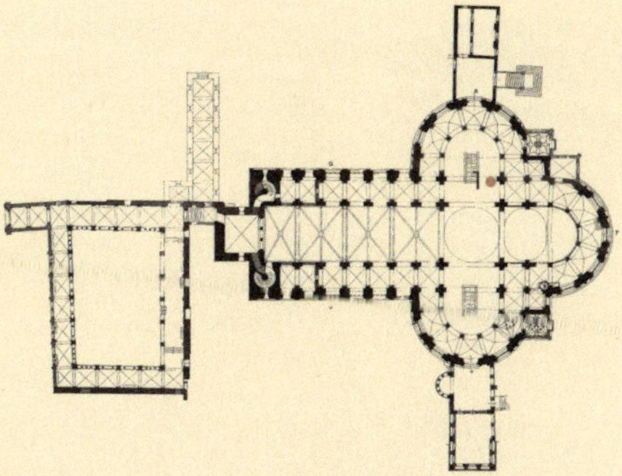

1 Herz-Jesu-Statue

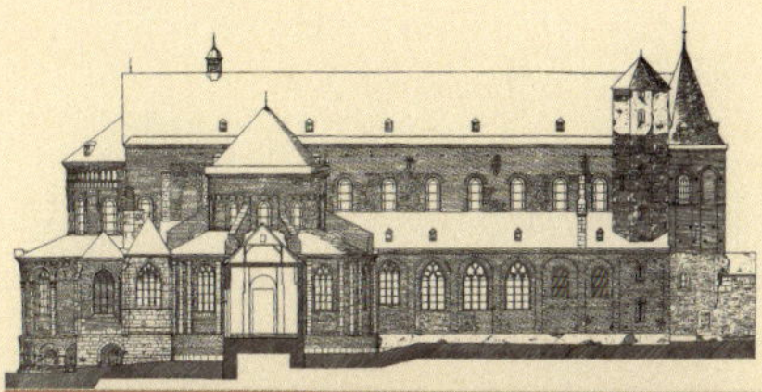

1832 Neu- beziehungsweise Umbau der nördlichen Vorhalle
1849 Umbau und Überbauung des Kreuzganges
ab 1862 Restaurierung durch Heinrich Nagelschmidt, der unter anderem auch die Südvorhalle neuromanisch wieder aufbauen ließ
1866 Vollendung der Ausmalung der Ostkonche nach Plänen von Edward von Steinle
1867–1871 Ausmalung der restlichen Kirche nach Plänen von August Essenwein durch Matthias Goebbels

St. Maria im Kapitol, Blick vom Lichthof auf den Dreikonchenchor, Foto um 1900

Kelch
Gabriel Hermeling
1881, Silber, vergoldet, Filigran, Niello, Stiftmosaik, Perlen- und Steinbesatz
Katholische Pfarrgemeinde St. Maria im Kapitol

Der kostbare und sehr aufwendig gestaltete Kelch stammt aus der Werkstatt des Kölner Goldschmiedes Gabriel Hermeling, der auch für andere romanische Kirchen zahlreiche Ausstattungsstücke schuf. Er gehörte dem Kaplan von St. Maria im Kapitol, Matthias Goebbels, der nach den Plänen von August Essenwein die Neugestaltung der Kirche ab 1867 ausführte. Zu den Arbeiten gehörten auch zahlreiche Mosaizierungen an Altären und dem Fußboden, worauf die in Miniatur-Stiftmosaik gefertigten Medaillons mit den vier Evangelistensymbolen, der Maria mit Kind und dem Christuskopf hinweisen könnten. Die ebenfalls in Mosaik ausgeführten Buchstaben in den Medaillons des Nodus ergeben den Namen »Jesus«. Auf der Kuppa sind außen Szenen aus der Passionsgeschichte (Abendmahl, Kreuzigung, Auferstehung) in Gravur zwischen einem reichen Rankenfries zu sehen.

1 **Herz-Jesu-Statue**
Nikolaus Elscheidt (zugeschr.)
Um 1870, Holz, farbig gefasst
Katholische Pfarrgemeinde St. Maria im Kapitol

Die Figur stand ursprünglich auf einer neuromanischen Säule in der nördlichen Konche der Kirche. Sie bekommt durch ihren Kontrapost eine deutliche seitliche Schwingung, die durch die zahlreichen Falten des Obergewandes noch hervorgehoben wird. In seiner Linken hält Jesus ein aufgeschlagenes Buch mit einem Spruch aus dem Matthäus-Evangelium, der übersetzt lautet: »Kommt alle zu mir, die ihr euch plagt und schwere Last zu tragen habt, und ihr werdet Ruhe finden für eure Seelen.« Mit der rechten Hand weist Christus auf das Flammenherz in der Mitte seiner Brust. Reste der ursprünglichen Fassung, teilweise mit Goldauftrag, sind noch erhalten.

Blick in den Altarraum von St. Maria im Kapitol
Martin Daun
1932, Öl auf Holz
Kölnisches Stadtmuseum

Einen Eindruck der reichen Farbigkeit des Innenraumes gibt die kurz vor der Umgestaltung der 1930er Jahre entstandene Innenansicht des Malers Martin Daun: Gut zu erkennen sind die historistischen Ausstattungsgegenstände wie das Fußbodenmosaik mit dem Paradiesfluss, die Kanzel auf der rechten Seite, die nach dem mittelalterlichen Vorbild der Wechselburger Klosterkirche gestaltete Triumphkreuzgruppe und der neuromanische Altar mit dem Baldachin. Auch die farbigen Chorfenster sowie die Ausmalung der Kuppeln und Wände waren ein Werk des Historismus. Das Bildprogramm war – der Widmung der Kirche entsprechend – ganz auf Maria als Gottesmutter konzentriert.

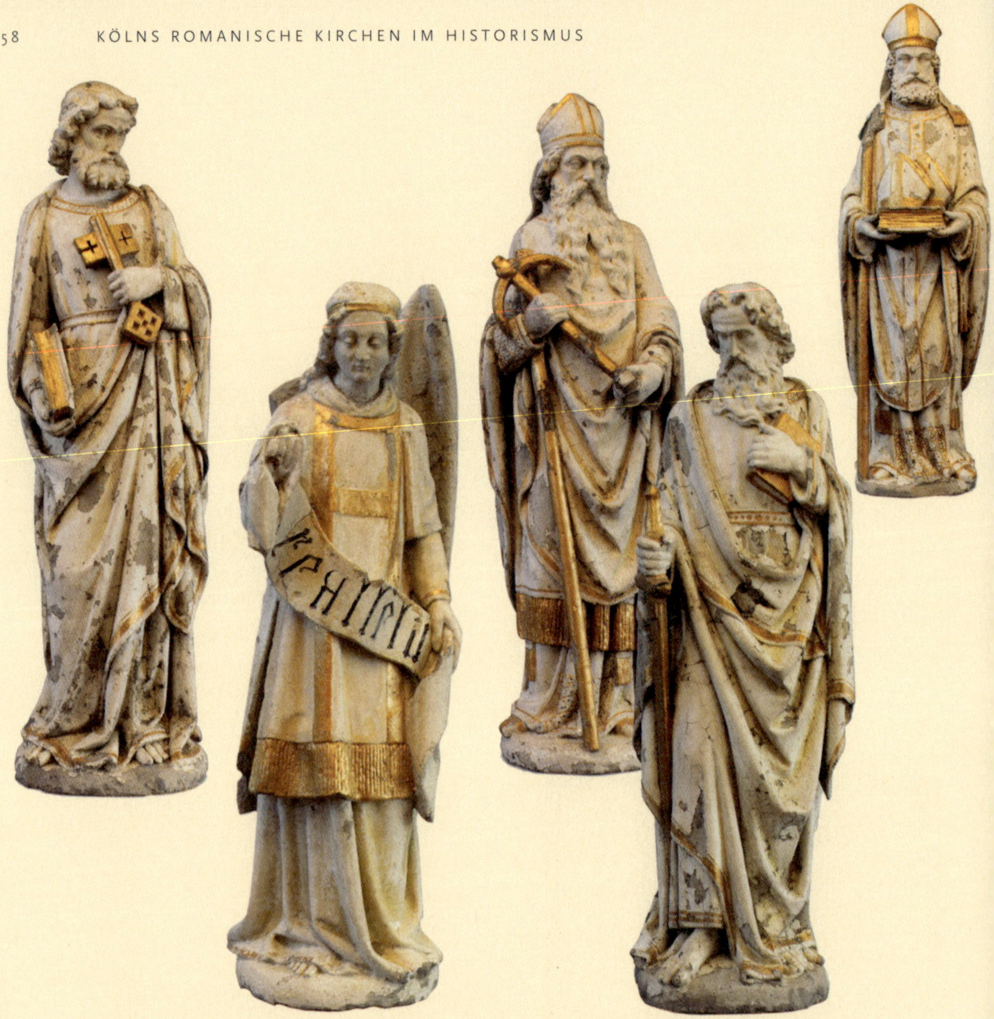

St. Maria Lyskirchen

Nur eine einzige der heute noch erhaltenen zwölf romanischen Kirchen in der Kölner Altstadt war von Anfang an eine Pfarrkirche, also ein Sakralraum, der allein der Pfarrgemeinde für ihre Gottesdienste, Tauf-, Hochzeits- und Totenfeiern zur Verfügung stand: St. Maria Lyskirchen. Nach der Säkularisation gab es Pläne, diese Kirche abzureißen und die Pfarrgemeinde an die ehemalige Stiftskirche St. Georg zu überweisen. Doch die Bewohner der Pfarrei wehrten sich erfolgreich und konnten »ihre Pfarrkirche« erhalten. Durch die Wiederentdeckung der mittelalterlichen Gewölbemalereien und zahlreiche noch erhaltene kleinere Ausstattungsgegenstände des 19. Jahrhunderts nimmt die Kirche bis heute eine besondere Stellung ein.

1 *Figuren vom ehemaligen Hochaltar*
Christoph Stephan
1860, Sandstein, farbige Fassung (um 1928)
Katholische Kirchengemeinde
St. Maria Lyskirchen

Im Zuge der historistischen Neugestaltung des Chores wurden zunächst der barocke Hochaltar abgebaut, neue Chorfenster eingesetzt und der neugotische Hochaltar nach einem Entwurf von Vincenz Statz aufgestellt. Er bestand aus einem rechteckigen Altarblock mit vier vorgestellten Säulchen, darüber befand sich die Leuchterbank, die Mitte bildeten der rechteckige Tabernakelkasten und darüber das Expositorium, das von einem Baldachin auf Säulen umfangen wurde. Das Retabel gliederte sich in jeweils vier Spitzbogennischen mit Wimpergen. Die Dachzone krönten zwei Engel. Den Abschluss bildete eine Madonna mit Kind unter einem schlanken Baldachin. In den vier Nischen des Altaraufbaus befanden sich die heute noch erhaltenen vier Heiligenfiguren. Es handelt sich um den hl. Petrus (mit Schlüssel), den hl. Maternus (mit Buch), den hl. Nikolaus (mit Anker) und den hl. Paulus (mit Schwert). Mit Nikolaus und Maternus waren die beiden Pfarrpatrone dargestellt, vor allem Nikolaus als Patron der Schiffer spielte in der am Rhein gelegenen Pfarrgemeinde eine große Rolle. Mit Petrus und Paulus sind die beiden wichtigsten Verkünder der Botschaft Jesu dargestellt. Der neugotische Hochaltar mit seinen Figuren war eine Schenkung des Tabakfabrikanten Aloys Büttgen und seiner Ehefrau Elisabeth Stupp.

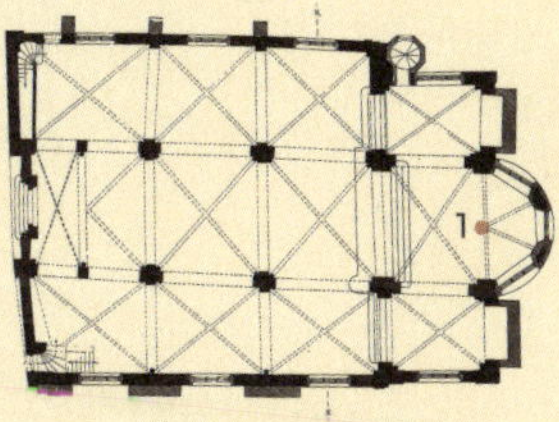

1 Hochaltar

1854/1856 Restaurierungspläne von Vincenz Statz, die aber nicht zur Ausführung gelangten
1860 Fertigstellung von drei neuen Chorfenstern nach Plänen von Friedrich Baudri sowie des Hochaltares nach Plänen von Vincenz Statz
1868–1877 Restaurierung des Äußeren unter der Leitung des Kölner Stadtbaumeisters Julius Carl Raschdorff. Dabei entsteht die heute noch erhaltene Westfassade der Kirche.
ab 1879 Wiederherstellung der wiederentdeckten mittelalterlichen Gewölbemalereien durch Matthias Goebbels: Die Malereien werden ergänzt und übermalt, um die Szenen wieder lesbar zu machen.

»Neugotischer Klüngel«

Künstler- und Architektenpersönlichkeiten

Eine ganze Reihe bedeutender Künstler und Architekten waren im Historismus an der Neuausstattung und der Restaurierung der romanischen Kirchen beteiligt. Zunächst waren die Kölner Stadtbaumeister in den ersten Jahrzehnten des 19. Jahrhunderts bei vielen Baumaßnahmen federführend. Hier ist vor allem Johann Peter Weyer (1794–1864) zu nennen, der alle wichtigen Baumaßnahmen der Anfangsjahre betreute.

Bei den bildenden Künstlern spielten in der ersten Jahrhunderthälfte die Künstler der Düsseldorfer Akademie eine große Rolle. Sie waren als Bildhauer und Maler beispielsweise an Altarbauten in Groß St. Martin beteiligt. Die Kunstrichtung der sogenannten »Nazarener«, die sich an der italienischen Malerei der Renaissance orientierten, war aber vor allem durch den Österreicher Edward von Steinle vertreten. Er hatte die Engelsfiguren im Chor des Kölner Domes geschaffen und entwarf für Maria im Kapitol eine neue Ausmalung, die die Marienkrönung zeigte. Doch empfand man seine Ausmalung Ende der 1860er Jahre in Köln als nicht mehr »stilgerecht«. Sein Stil war den Kölner Kunsttheoretikern zu italienisch. Statt der Renaissance sollte die Kunst des Mittelalters auch für die Malerei stärker in den Mittelpunkt rücken. Genau dies propagierte der Künstler August Essenwein. Er suchte auch in der Malerei Vorbilder aus der Kunst der Romanik und der Gotik. In Buchmalereien, Wand- und Tafelmalereien des Mittelalters fand Essenwein seine Vorlagen, die er dann in Form von ganzen Gemäldezyklen ausweitete. In Groß St. Martin, St. Maria im Kapitol und St. Gereon wurden Ausmalungen nach seinen Entwürfen vorgenommen. Da er immer wieder aus demselben Fundus schöpfte, wundert es nicht, wenn bestimmte Grundformen in allen drei Kirchen auftauchen.

Die Beauftragung von Essenwein ist ein Beispiel dafür, dass neben den in Köln beheimateten Künstlern immer wieder auch Künstler von

Die niederrheinischen Künstler Friedrich Stummel (ganz li.) und Ferdinand Langenberg (re.) mit Kaplan Josef Windhausen (2. v. li.) im Gespräch mit dem Pastor und Initiator der Neuausstattung von St. Aposteln, August Savels, vor der südlichen Konche von St. Aposteln, um 1912

Carl Jaeger: Bildnis des Direktors August Essenwein, 1872, Nürnberg, Germanisches Nationalmuseum

außerhalb beauftragt wurden. Der englische Glasmaler William Dixon entwarf neue Glasfenster für St. Ursula, seine Entwürfe für St. Aposteln kamen nicht zur Ausführung. Für St. Aposteln waren italienische Mosaizisten tätig, die mit der Auftragsvergabe an den am Niederrhein tätigen Friedrich Stummel nach Köln kamen. Mit der Beauftragung von Stummel für den Entwurf der Ausschmückung von St. Aposteln kam auch der in Goch tätige Bildhauer Ferdinand Langenberg an einen Kölner Auftrag. Er sollte für St. Aposteln den Hochaltar sowie einen neuen Marienaltar schaffen.

August Reichensperger (li.), Lithografie nach einer Zeichnung von Niessem, 1867; Vincenz Statz (re.), Lithografie nach einer Zeichnung von 1882, Kölnisches Stadtmuseum, Graphische Sammlung

Die Kölner Künstler und Kunsthandwerker beriefen sich auf ihre jahrhundertelange Tradition und ihre guten Kontakte. »Networking« funktionierte im 19. Jahrhundert vor allem über die Organisation in kirchlichen Gremien und Vereinen. Ein solcher Kristallisationspunkt war der Kölner »Verein für Christliche Kunst«. Freie Architekten wie Vincenz Statz und Heinrich Nagelschmidt, die als selbstständige Baukünstler eine ganze Reihe von Kirchenbauten errichteten oder restaurierten, gehörten zu den Gründungsmitgliedern. Der Glasmaler und Bruder des Kölner Weihbischofs, Friedrich Baudri, war Herausgeber der Zeitschrift »Organ für christliche Kunst«, die zum Sprachrohr des Vereins wurde und streng darüber wachte, dass Künstler auch eng am mittelalterlichen Vorbild arbeiteten. Der wichtigste Theoretiker dieser strengen Richtung war der Jurist und Kunstkenner August Reichensperger. Er war mit Baudri und Statz befreundet, mit seinem Bruder Peter Wortführer der katholischen Zentrumspartei und besaß zudem weitreichende Kontakte.

Adolf Kockerols und ein Schüler Ferdinand Langenbergs im Atelier als Modell für die Szene »Der ungläubige Thomas« am Hochaltar von St. Aposteln

»Helden in Strumpfhosen«: Ein Blick ins Atelier Langenberg

Im Nachlass des Bildhauers Ferdinand Langenberg in Goch haben sich Fotografien erhalten, die auf den ersten Blick schmunzeln lassen: Männer in langen Unterhosen, mit wallenden Gewändern oder gar in Priesterkleidung, die Szenen der christlichen Ikonografie nachstellen – darunter der ungläubige Thomas, der Gute Hirte, Petrus mit dem Schlüssel und andere Apostel. Doch diese Atelierfotos hatten einen konkreten Anlass. Sie dienten als Vorlagen für die Herstellung von Reliefs für den Hochaltar von St. Aposteln in Köln. Mitglieder der Werkstatt standen zusammen mit Kaplan Josef Windhausen, dem »Erfinder« des theologischen Programms, Modell – für die später am Altar angebrachten Szenen.

St. Aposteln, ausgeführtes Relief mit Darstellung des ungläubigen Thomas, heute Museum Goch

Möglicherweise dienten sie teilweise auch als Vorlage für die Ausführung der Wandmosaiken. Es war nicht ungewöhnlich, dass Künstler des 19. Jahrhunderts auf das moderne Medium der Fotografie zurückgriffen. Zahlreiche Porträtmaler des späten Historismus nutzten diese Technik ebenfalls. Dank der erhaltenen Fotografien aus dem Nachlass Langenberg erhält man heute, über einhundert Jahre später, einen guten Einblick in die Arbeitsweise der Künstler des späten Historismus: Sicherlich war eine Vielzahl von Szenen und Aufstellungen notwendig, bis das tatsächliche Bild gefunden war, welches dann mittels eines Fotos gebannt wurde. Dieses wurde dann als Relief umgesetzt. Für die »lebensnah« darzustellende Anatomie bot ein solches Foto eine gute Grundlage.

Groß St. Martin

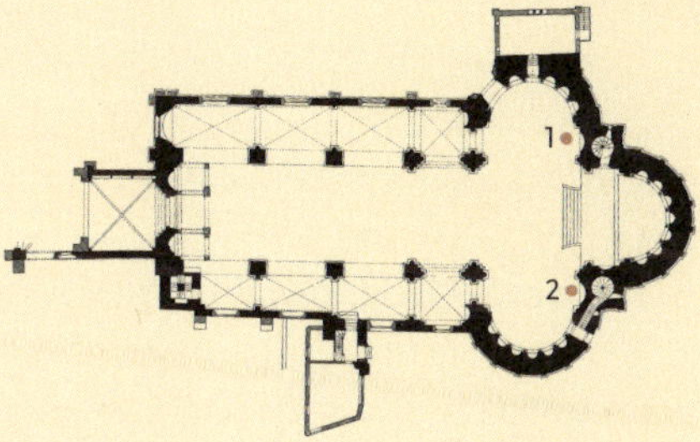

1 Muttergottesaltar
2 Pfarraltar

Bis heute lassen sich in Groß St. Martin die Reste der ehemals reichen und prächtigen Innenausstattung bewundern. Im Chor und über den Mittelschiffpfeilern kann man noch Ausmalung erkennen, und um den Vierungsaltar wurde beim Wiederaufbau nach dem Zweiten Weltkrieg ein Teil des erhaltenen Mosaikfußbodens verlegt. Finanziert wurde die ehemals prächtige und farbenfrohe Innenausstattung des Historismus hauptsächlich durch die Einnahmen einer Lotterie – ein Beispiel für die Geschäftstüchtigkeit der Pfarrei, die schon Mitte des 19. Jahrhunderts mit ihrem Bauverein Geld für Wiederherstellungsarbeiten sammelte. Da die beiden westlichen Ecktürmchen des Vierungsturmes durch einen Einsturz 1527 und die Niederlegung am Ende des 18. Jahrhunderts fehlten, war es zudem ein Anliegen, dem Hauptturm wieder alle vier Nebentürme zur Seite zu stellen.

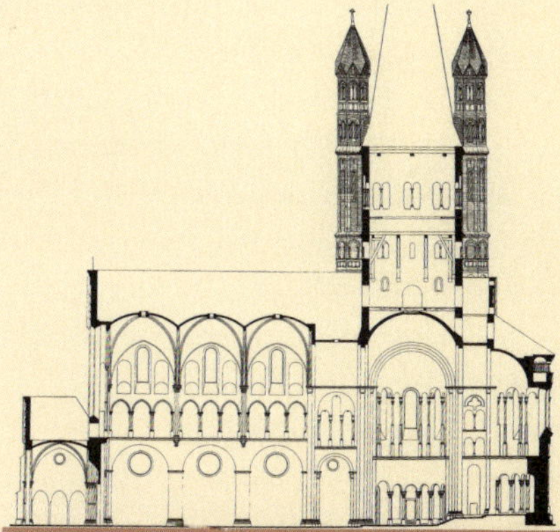

1802 Säkularisierung des Klosters an Groß St. Martin, Umnutzung der Klosterbauten für militärische Zwecke

1838/1839 Abbruch der Klosterbauten an der Nordseite der Kirche

1843 Restaurierung der durch den Abbruch freiliegenden Nordseite der Kirche und Gründung des Bauvereins »zum Ausbau der beiden Thürmchen an der Groß St. Martinskirche«

1857 Pläne von Heinrich Nagelschmidt für eine umfassende Restaurierung des Baus

ab 1864 Pläne von August Essenwein für die innere Gestaltung der Kirche

1864–1874 Ausführung der äußeren Restaurierung nach Plänen von Heinrich Nagelschmidt

1875–1884 Ausführung der Ausmalung nach den Plänen von August Essenwein durch den Kölner Maler Alexius Kleinertz

1892–1900 Restaurierung der Ostseite und des Vierungsturmes

1907–1913 Neuaufbau des Vierungshelmes

Groß St. Martin, Innenansicht nach Osten, Foto um 1880

Plan des Fußbodens
Villeroy und Boch (nach Plänen von August Essenwein und Alexius Kleinertz)
1889, Papier
Firmenarchiv Villeroy und Boch, Mettlach

Im Jahr 1884 beschloss der Kirchenvorstand von Groß St. Martin einen neuen Bodenbelag in Plattenmosaik bei der Firma Villeroy und Boch in Mettlach zu bestellen. Zur Finanzierung wurde ein Kredit in Höhe von 20.000 Mark aufgenommen, doch auch Mittel aus einer Erbschaft und der Lotterie flossen in den aufwendigen Fußboden. Hergestellt wurden die Platten nach den vorhandenen Entwürfen von August Essenwein und den Kartons, die der Maler Johannes Klein in Wien gezeichnet hatte. Dabei muss Alexius Kleinertz die Entwürfe erneut überarbeitet haben. Zur Ausführung kamen jedoch nicht nur »echtes« Stiftmosaik, sondern auch Mosaik-Imitationsplatten, die weitaus preisgünstiger in der Herstellung und der Verlegung waren. Auf dem Fußboden waren Darstellungen von Heiligen oder gar der Christusgeschichte nicht erlaubt. Daher hatte Essenwein ein auf die Natur- und Menschengeschichte bezogenes Programm entworfen. Zu sehen waren die sechs Menschenalter umgeben von den vier Temperamenten, das Glücksrad, die vier Stände sowie Darstellungen von Tugend und Laster. Im Chor war als Symbol für die Institution der Kirche das Schifflein Petri zu sehen. ▮

Kelch
Gabriel Hermeling
1879, Silber, vergoldet, Filigran, Steinbesatz, Niello, Email
Katholische Pfarrgemeinde Groß St. Martin

Bei dem von Gabriel Hermeling kostbar gestalteten Kelch handelt es sich, wie eine Inschrift auf dem Kelch besagt, um eine Stiftung der Pfarrgemeinde Groß St. Martin für Pfarrer Theophil Linden, der die Neuausstattung der Kirche nach den Plänen von August Essenwein maßgeblich förderte. Dem Stil des Kirchengebäudes entsprechend wählte Hermeling Formen, die er der Spätromanik entlehnte, so beispielsweise das reiche Flechtwerk am Fuß des Kelchs. In den sechs Medaillons sind in Niello-Technik der Namenspatron des Beschenkten, der hl. Theophil, sowie Rochus, Benedikt, eine Herz-Jesu-Darstellung, Brigida mit Martin und Eliphius dargestellt. Der hl. Benedikt verweist dabei auf die Geschichte als Benediktinerkloster, Brigida war die Patronin der benachbarten Pfarrkirche, die Heiligen Eliphius und Rochus wurden in der Kirche besonders verehrt. Auf der Cuppa sind in Rundbildern die Szenen Verkündigung, Kreuzigung, Auferstehung, Himmelfahrt, Ausgießung des hl. Geistes und die Begegnung von Maria Magdalena und Christus nach der Auferstehung zu sehen. ▮

BEATI·MITES
FILII·SEM
FILII·CHAM
Einzelzeichnung M. 1 : 10
Einzelzeichnung M. 1 : 10
Uebersichts-Plan M. 1 : 50

1 *Zwei Engelsfiguren vom ehemaligen Muttergottesaltar*
Karl Hoffmann
1848–1849, Sandstein, farbig gefasst
Katholische Pfarrgemeinde Groß St. Martin

Die erste historistische Umgestaltungsmaßnahme in Groß St. Martin betraf die Neuaufstellung von zwei Altären an den beiden Ostnischen der Nord- und Südkonche. Mit den Entwürfen der beiden Altäre wurde der Düsseldorfer Künstler Andreas Müller beauftragt, die Ausführung übernahm Karl Hoffmann. Auf der Nordseite wurde ein Muttergottesaltar aufgestellt, von dem die beiden erhaltenen Engel stammen. Sie flankierten die zentrale Madonna mit Kind, die sich leider nicht erhalten hat.

Groß St. Martin, Muttergottesaltar an der Ostwand der Nordkonche mit den beiden erhaltenen Engeln, Detail aus einem Foto von 1889

2 **Hl. Martin vom ehemaligen Pfarraltar**
Karl Hoffmann
1848–1849, Sandstein, farbig gefasst
Katholische Pfarrgemeinde Groß St. Martin

Auf der gegenüberliegenden Seite wurde ein Altar zu Ehren der Pfarrpatrone aufgestellt: In der Mitte befand sich der hl. Martin, links der hl. Eliphius und rechts die hl. Brigida. Bei allen drei Figuren sind – wohl durch Sturz – die Köpfe und einzelne Gliedmaßen verloren.

St. Pantaleon, Ansicht von Süden vor der Rekonstruktion des Westbaus, Foto um 1860

St. Pantaleon

Man muss schon zweimal hinschauen, weil auf Abbildungen aus der Mitte des 19. Jahrhunderts auf dem Westturm und den kleineren Seitentürmen Zwiebelhauben zu erkennen sind. Es handelt sich tatsächlich um die romanische Kirche St. Pantaleon! Wer dagegen heute den Westbau von St. Pantaleon sieht und in der Architekturgeschichte ein wenig bewandert ist, wird den Bau sofort in die romanische Epoche einordnen: Rundbögen und -nischen, Kegeldächer auf runden Turmabschlüssen, vorgelagerte Pilaster und Würfelkapitelle. Doch dieser Bauteil der Kirche ist ein Werk der Restaurierung des Historismus. Nachdem auf der Laterne des Westturmes zeitweise ein optischer Telegraf aufgestellt war, begannen schon erste Überlegungen zur Neugestaltung des Westturmes. Ende des 19. Jahrhunderts wurde, auf der Grundlage von historischen Stadtansichten aus der Zeit vor der barocken Umgestaltung und erkennbaren Resten am Bau, der Westbau der Kirche wieder so hergestellt, wie man ihn sich in seiner ursprünglichen Form vorstellte.

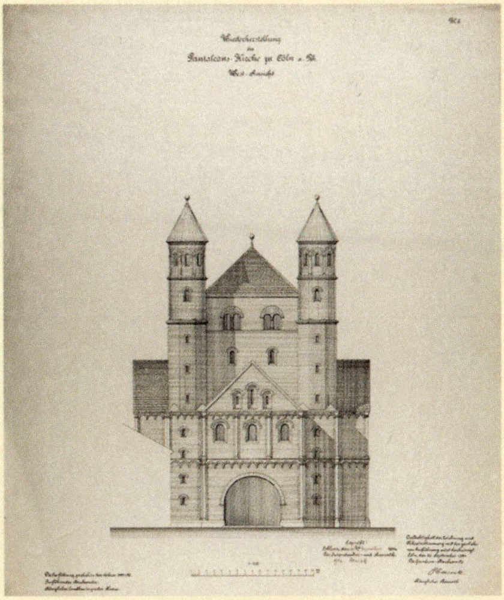

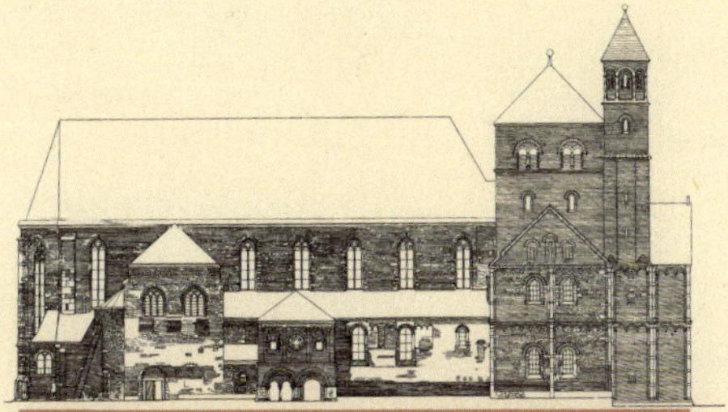

Bauaufnahmen der wiederhergestellten Kirche
unbekannt
1894, Tusche auf Papier
Plansammlung des rheinischen Landeskonservators (LVR-Amt für Denkmalpflege im Rheinland)

Schon in den 1850er Jahren machte man sich in Köln über die Wiederherstellung von St. Pantaleon Gedanken. Damals entstanden Pläne für einen neugotischen Abschluss der Turmspitze. Ab den 1870er Jahren wandte man sich erneut der Rekonstruktion des ursprünglichen Zustandes zu. Die zahlreichen Entwürfe, die damals entstanden und teilweise auch in der Stadtverordnetenversammlung diskutiert wurden, sind heute aber verschollen. Daher haben diese Aufnahmen der bereits wiederhergestellten Kirche als wichtiges Dokument des abgeschlossenen Planungsprozesses einen besonderen Wert. Sie zeigen die Vorhalle mit zentraler Bogenöffnung, die seitlichen Turmbauten, die über rechteckigem und polygonalem Grundriss in Rundtürme mit Kegeldach übergehen. Die Vorhalle wurde in ihren Ausmaßen nicht gemäß den aufgefundenen Bauresten rekonstruiert, sondern um die Hälfte verkürzt.

1757–1780er Jahre Erhebliche Umbauten des Westbaus in der Barockzeit
1803 Säkularisation des Klosters und Ernennung zur Pfarrkirche
1818/1819 Ernennung zur preußischen Garnisonskirche
1858 Nach dem Abbau des optischen Telegrafen (um 1849/1852) entstehen erste Pläne für eine neue Turmspitze.
ab 1873 Beginn des erneuten Planungsprozesses für einen neuen Turmabschluss
ab 1878 Initiativen zur Rekonstruktion des Westbaus
1890–1892 Ausführung: Es entsteht der heute noch erhaltene Westbau auf der Grundlage von aufgefundenen Bauresten und historischen Stadtansichten.

SACRIFICATVR·ET·OFFERTVR·NOMINI
NOMEN·MEVM·IN·GENTIB·DICIT·DOMINVS

St. Severin

Die Verehrung des hl. Severin, der Ende des 4. Jahrhunderts in Köln als Bischof wirkte, nahm auch im Historismus eine besondere Stellung ein. Eindrucksvollstes Beispiel dafür ist die Neugestaltung des Hochaltares der romanischen Kirche St. Severin durch den Bildhauer Wilhelm Mengelberg. Er entwarf 1888 einen neuromanischen Hochaltar, bei dem mittels eines Stoffbaldachins der neugotische Schrein mit den Gebeinen des Heiligen zur Anbetung sichtbar war – oder hinter einem Vorhang verschwinden konnte. Auf großen Bronzereliefs, die sich bis heute erhalten haben, sind die vier wichtigsten Stationen der Heiligenvita dargestellt (Predigt des hl. Severin, Severin hört den Engelschor beim Tod des hl. Martin von Tours, Tod des hl. Severin, Prozession mit dem Severinsschrein). Eingebettet war diese Altargestaltung in das Bildprogramm der Ausmalungen im Chor. Auf mittelalterlichen Resten aufbauend, wurden auf die Seitenwände Szenen aus der Severinslegende gemalt. Das noch erhaltene historistische Wandbild mit der Himmelfahrt Mariens gibt bis heute einen Eindruck von der Farbigkeit dieser Wandgemälde.

St. Severin, Hochaltar von Wilhelm Mengelberg, Foto um 1895

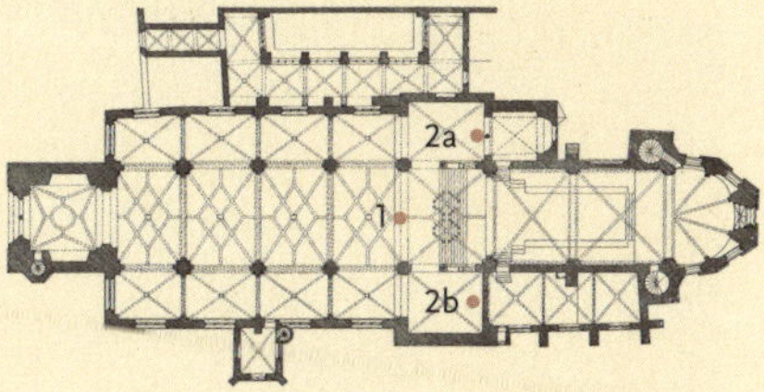

1 Kommunionbank
2a/2b Marienaltar

1802 Auflösung des Stifts
1803 Ernennung zur Pfarrkirche
1816 und 1863 Abbruch des Kreuzganges bis auf einen kleinen Rest an der Nordseite der Kirche
1879–1885 Restaurierung des Chores, der Querhäuser und der Westseite
ab 1887 Entdeckung der mittelalterlichen Wandmalereien
1888–1895 Neuausmalung der Kirche
1893 Weihe des neuen Hochaltares
1906–1907 Restaurierung des Westturmes

1 *Mittelteil der Kommunionbank*
Richard Moest (Entwurf)
1891–1892, Metallguss
Katholische Pfarrgemeinde St. Severin

Teil der historistischen Neugestaltung der Severinskirche war auch eine neue Kommunionbank, die den Chorraum vom übrigen Teil der Kirche abteilte. Sie war in Granit, schwarzem und weißem Marmor sowie mit vergoldeten Eisengusselementen ausgeführt worden. Von der neuromanischen Anlage ist heute noch das Mittelteil erhalten. Es zeigt zwei kniende Engel, die einen Kelch anbeten, und weist damit ikonografisch auf das Geschehen am Altar hin. Das Modell für das in Metallguss hergestellte Relief stammte von dem Kölner Künstler Richard Moest.

2a/2b *Madonna vom ehemaligen Marienaltar*
Friedrich Custodis
1883, Holz, farbige Fassung
Katholische Pfarrgemeinde St. Severin

Die gezeigte Marienstatue stammt vom ehemaligen Muttergottesaltar, der 1883 zunächst im südlichen Querschiff aufgestellt worden war und zwei Jahre später in das nördliche Querschiff versetzt wurde. Er war der erste historistische Altar in St. Severin – bis zu diesem Zeitpunkt waren die in der Barockzeit angeschafften oder umgestalteten Altäre noch in Benutzung. Die Marienstatue war für eine Summe von 460 Mark bei dem in der Pfarrei lebenden Bildhauer Friedrich Custodis in Auftrag gegeben worden. Die Mittel für die Arbeiten stammten aus Stiftungen und den Einnahmen aus dem Opferstock. Die Holzskulptur zeigt die Gottesmutter in betender Haltung ohne den Jesusknaben als Maria Immaculata (unbefleckt Empfangene). Reste der farblichen Fassung haben sich erhalten.

St. Ursula

Am 17. November 1889 wurde sie im großen Saal des »Fränkischen Hofes« gebührend gefeiert: die »glückliche Vollendung der Chorrestaurierung der St. Ursulakirche«. Dabei erklangen auch viele Gesänge, unter denen das Lied »Vieles ist erreicht – Vieles fehlt noch« wohl am deutlichsten macht, was das Anliegen des Festes war. Denn obwohl 1889 die bauliche Restaurierung des Chores mit seinen neugotischen Fialen und der Wiederherstellung der Fensteröffnungen abgeschlossen war, fehlte noch die Inneneinrichtung. So besangen die Pfarrmitglieder ihre noch ausstehenden Wünsche: ein »stylgerechter Huh-Altar«, »gemohlde Finstre«, »en Kumm'nionbank« und »ne schöne Prädigstohl«. Vorgeschlagenes Finanzierungsmodell für diese Anschaffungen war »en Steftung«. Das Modell hatte Erfolg: Das Mittelfenster der heute noch erhaltenen Chorfenster wurde 1889, die leider nicht erhaltene neuromanische Kanzel im Jahr 1891 gestiftet. Von der Ausstattung des 19. Jahrhunderts haben sich im Südschiff noch die Mosaikbilder mit Propheten und Maria erhalten, die die Kölner Firma Peter Beyer herstellte.

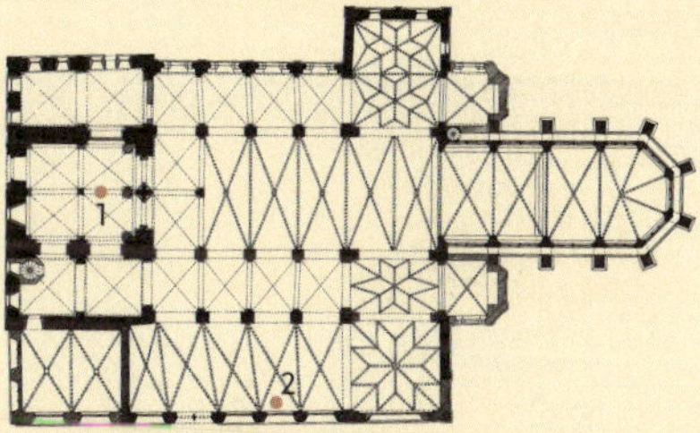

1 Maria-Hilf-Altar
2 Beichtstuhl

1802 Auflösung des Damenstiftes an St. Ursula
1804 Ernennung zur Pfarrkirche
1832 Bestrebungen, den romanischen Turm abzutragen, können verhindert werden. Stadtbaumeister Johann Peter Weyer sichert den Bauteil durch den Einbau einer Stützwand.
1853–1855 Im Rahmen der Restaurierung der Kirche unter Stadtbaumeister Bernhard Harperath entsteht eine neugotische Umgestaltung des Südschiffs.
1873–1874 Restaurierung der Westfassade
1877 Im Zuge der Restaurierung des Inneren unter den Gebrüdern Bong wird die Stützwand an der Westempore entfernt und eine neugotische Tragkonstruktion eingefügt. Außerdem werden die Seitenschiffemporen wieder geöffnet.
1882–1883 Im Zuge der äußeren Restaurierung entstehen neuromanische Fassaden am nördlichen Seitenschiff und den Querhäusern, die mit farbigen Glasfenstern ausgestattet werden.
1889 feierliche Einweihung des restaurierten Chores, der nun wieder mit Maßwerkfenstern geöffnet ist
1892 und 1894 Einsetzen der von William Dixon in London entworfenen Glasfenster

St. Ursula, Ansicht von Südwesten nach Abschluss der Restaurierungsmaßnahmen, Foto um 1890.

1 **Maria-Hilf-Bild**
Unbekannt
1899
Katholische Pfarrgemeinde St. Ursula

In St. Ursula befand sich schon zur Jahrhundertwende in der Vorhalle ein kleiner Maria-Hilf-Altar. Er war in der Ursula-Oktav des Jahres 1899 durch eine Stiftung in die Kirche gekommen. Vermutlich handelt es sich bei dem heute noch erhaltenen Bild um das Altarbild dieses Altares.

2 **Beichtstuhl**
Gebrüder Bong
1894 aufgestellt, Eichenholz
Katholische Pfarrgemeinde St. Ursula

Auch der neuromanische Beichtstuhl kam durch eine Stiftung nach St. Ursula. Er befand sich ursprünglich an der Südwand des Marienschiffs und ist in seinem Aufbau an barocken Beichtstühlen orientiert. Streng symmetrisch aufgebaut befindet sich der Priestersitz in der Mitte, seitlich ist je ein offener Sitz für die Beichtenden. Der Stuhl ist wie ein Bauwerk architektonisch gestaltet: der Priestersitz wie ein Turm erhöht und mit Dreipassarkade geöffnet, die seitlichen Sitze rahmen den mittleren und schließen mit Dreiecksgiebeln ab. So entsteht der Eindruck einer Basilika. Aufwendiges Schnitzwerk ist gezielt als Schmuck eingesetzt.

ITE AD · JOSEPH ·

»Jesus, Maria und Joseph!«

Bildprogramme und Ausstattungskonzepte

Bestimmte Bildthemen und ikonografische Programme spielten im Historismus eine besondere Rolle. Allen voran ist die Verehrung der Gottesmutter Maria zu nennen. Das 1854 verkündete Dogma der Unbefleckten Empfängnis Mariens war Höhepunkt der schon im 17. und 18. Jahrhundert verbreiteten Marienverehrung und gleichzeitig Ausgangspunkt einer noch verstärkten Konzentration auf die Muttergottes. In der ihr in Köln geweihten Kirche St. Maria im Kapitol war das von August Essenwein entworfene Bildprogramm daher ganz auf Maria zugeschnitten. Dabei spielte in der Gesamtthematik die Lauretanische Litanei eine Rolle. In dieser Anrufung Mariens wird die Gottesmutter auch als Trösterin der Betrübten und als Zuflucht der Sünder um Hilfe gebeten – und in eben dieser Mittlerrolle stellte das Bildprogramm sie dar. Darüber hinaus aber war bei der Auswahl der einzelnen Szenen der Wand- und Deckenmalereien das Rosenkranzgebet von großer Bedeutung. Dieses Gebet, mit seiner festen Abfolge von Ave-Maria- und Vaterunser-Gebeten, hatte sich Ende des 15. Jahrhunderts entwickelt und teilt sich in 15 Gesetze oder Geheimnisse. Diese orientieren sich an der Marienlegende. Die fünf »freudenreichen Geheimnisse« sind Verkündigung, Heimsuchung, Geburt, Darbringung im Tempel und Predigt Jesu im Tempel. Es folgen die »schmerzreichen Geheimnisse« mit der Ölbergszene, der Geißelung, der Dornenkrönung, Kreuztragung und Kreuzigung. Den Abschluss bilden die fünf »glorreichen Geheimnisse« mit Auferstehung, Himmelfahrt, Pfingsten, der Aufnahme Mariens in den Himmel und der Marienkrönung. In St. Maria im Kapitol war nun auf dieser Grundlage ein monumentales gemaltes Gebet entstanden.

Neben Maria hatte Joseph im 19. Jahrhundert als Heiliger eine ganz besondere Rolle. Einerseits wurde hier die schon in der Barockzeit weit verbreitete Verehrung weitergeführt. Andererseits aber erhielt sie durch die zeithistorischen Ereignisse einen kirchenpolitischen Hintergrund: Der hl. Joseph galt nämlich seit 1870 als Schutzpatron der Kirche.

Mittelteil des Josephsaltares aus St. Aposteln mit Joseph und Jesusknaben

Damals hatte ihm die Ritenkongregation in Rom aufgrund der politischen Bedrohung des Kirchenstaates die Institution Kirche anempfohlen. So wie Joseph Maria und das Kind schützte und versorgte, so sollte auch die Institution Kirche selbst durch ihn vor Verfolgung beschützt werden. In den folgenden Jahrzehnten wurde diese Rolle des Heiligen durch päpstliche Anordnungen noch verstärkt beziehungsweise unterstrichen. Es entstanden zahlreiche Darstellungen Josephs, die ihn in dieser Schutzfunktion zeigen. Als Schutzpatron der Arbeiter war Joseph zudem der Patron der Ende des 19. Jahrhunderts entstandenen katholischen Arbeitervereine. Als Oberhaupt der hl. Familie sollte er zudem identitätsstiftend für die damalige christliche Familie sein.

Äußerst beliebt wurde Ende des 19. Jahrhunderts außerdem die Darstellung des Heilands als sogenannte »Herz-Jesu-Figur«. Bei diesem Bildtyp wird Christus mit einem stilisierten Herz auf der Brust gezeigt, das von einer Dornenkrone umgeben und von einer Flamme bekrönt ist. Die Verehrung des »Heiligen Herzens«

Moderne Andenkenbildchen mit Joseph als Beschützer des Jesusknaben (li.) und Maria als Immakulata (unbefleckt Empfangene) (re.)

war schon im Mittelalter beliebt und erklärt sich aus der theologischen Vorstellung, das durchbohrte Herz sei die Quelle der Sakramente der Kirche. Da damit erneut die Institution Kirche selbst in den Mittelpunkt rückte, ist es nicht verwunderlich, dass der Herz-Jesu-Verehrung in der Hochzeit der Auseinandersetzung zwischen Staat und Kirche, dem sogenannten Kulturkampf, ein besonderer Stellenwert zufiel. Die Vielzahl der dem »Heiligen Herzen Jesu« geweihten Kirchen nahm zu, in den Kirchen entstanden Herz-Jesu-Altäre und Standbilder. Bis heute erfreuen sich Andenkenbilder mit Herz-Jesu-Thematik einer großen Beliebtheit.

In St. Cäcilien befand sich Anfang des 20. Jahrhunderts eine Herz-Jesu-Statue, die sogar mit elektrischen Glühbirnen herzförmig illuminiert werden konnte. Sie war das Pendant einer auf der gegenüberliegenden Seite stehenden Muttergottes, die einen – ebenfalls elektrischen – Strahlenkranz hatte.

Von heute noch ungebrochener Beliebtheit ist auch das Bildthema der »Maria von der Immerwährenden Hilfe«. Im 19. Jahrhundert muss sich in beinahe jeder Kirche ein solches Gnadenbild befunden haben, denn es lassen sich bis heute zahlreiche dieser Bildnisse noch in den Kirchen lokalisieren. Die einzelnen Darstel-

Herz-Jesu-Statue in St. Cäcilien, Foto 1930er Jahre (li.)
Modernes Andenkenbildchen mit Herz-Jesu-Darstellung (re.)

lungen gehen dabei auf die in der Kirche San Alfonso in Rom vorhandene Ikone zurück, wandeln sie jedoch immer ein wenig ab. Das Bild dieser Ikone aus Rom wurde durch die Redemptoristen im 19. Jahrhundert in der ganzen Welt verbreitet. In die Kölner Kirchen gelangte sie in der Regel durch Schenkungen beziehungsweise Stiftungen.

Verkündigungsszene als eines der freudenreichen Geheimnisse des Rosenkranzes, Zeichnung von August Essenwein für die Ausmalung von St. Maria im Kapitol

Moderne Andenkenbildlichen mit Heiliger Familie (li.) und Joseph (re.)

In der Vielzahl der Reproduktionen zeigt sich die Bilderflut des 19. Jahrhunderts: Zahlreiche Bildthemen wie Heilige Familie, Schutzengeldarstellungen, Herz-Jesu-Darstellungen, Marienbilder, Bilder einzelner Heiliger, das Abendmahl et cetera fanden als Kunstdrucke in Form von Andenkenbildchen, Kommunionandenken, Fleißkärtchen und so weiter weite Verbreitung – die kirchliche Kunst war – nicht zuletzt durch das Medium der Farblithografie – zur Serienproduktion für die breite Masse geworden.

Der bunte Traum hatte seinen Höhepunkt erreicht. Der Wunsch nach Ausstattung und das »horror vacui« herrschte in den Kirchen ebenso vor wie im heimischen Wohnzimmer: Spitzendeckchen (auf Tisch oder Altar), Stechpalmen, großformatige Bilder mit üppigen Rahmen, roter Teppich und goldene Schätze. Es wundert nicht, dass nach dem Höhepunkt dieser kommerzialisierten Bilderflut eine Versachlichung und Ernüchterung erfolgen musste.

Der bunte Traum ist ausgeträumt

Ausblick ins 20. Jahrhundert – Das Ende des Historismus

Wie umkämpft der Historismus schon 1912 war, zeigt der berühmte »Gotikerlass« des Kölner Erzbischofs. Damals legte die erzbischöfliche Behörde erneut fest, dass Kirchenbauten nur in neugotischen oder neuromanischen Formen zu bauen seien. Ein Zeichen dafür, dass man in den einzelnen Pfarrgemeinden schon längst auf der Suche nach neuen Ausdrucksformen war, die aber »von oben« gemaßregelt wurden.

Entscheidend für die Neubewertung der kirchlichen Kunst im 20. Jahrhundert sollte dann das Kölner »Institut für religiöse Kunst« werden. Sein Gründer, der Kunsthistoriker und damalige Kustos am Schnütgen-Museum, Fritz Witte, propagierte schon vor dem Beginn des Ersten Weltkrieges eine neue Richtung. In der bisher dem Historismus verpflichteten »Zeitschrift für christliche Kunst« stellte er im Jahr 1913 den Hochaltar von St. Georg und andere Werke zeitgenössischer Künstler vor. Alle von ihm in seinem Artikel aufgeführten Beispiele zeigen eine deutliche Abkehr von den bisherigen Kunstschöpfungen und eine Versachlichung der Formen. Im selben Jahr (1913) wandte sich Witte mit seiner Idee zur Einrichtung eines Instituts für religiöse Kunst an die Stadt Köln. Der Erste Weltkrieg aber unterbrach das Vorhaben, das Witte dann nach Kriegsende wieder aufnahm.

Neben den am Kölner Institut tätigen Künstlern, zu denen beispielsweise auch der berühmte Johan Thorn-Prikker gehörte, übten die Künstler des Deutschen Werkbundes einen entscheidenden Einfluss auf die gesamte Kunstlandschaft aus. Die Kölner Werkbundausstellung bot 1914 ein eindrucksvolles Bild der neuen Richtung in der Architektur und der bildenden Kunst. Die Ausstellung wurde im August 1914 durch den Beginn des Krieges jäh unterbrochen. Doch galt zahlreichen Künstlern der Krieg als eine Art »Reinigung« von der Last der Vergangenheit. Im 1916 erschienenen Katalog schreibt gar: »Denn das Wiederaufbauen des Zerstörten weist unseren

Groß St. Martin, Kriegsbeschädigung der Nordkonche mit dem Eingang zur Sakristei, Foto 1948

St. Georg, Hochaltar von Heinrich Renard, Foto um 1910 aus der »Zeitschrift für christliche Kunst«

Künstlern herrliche Aufgaben zu.« – Dass diese Künstler schwer traumatisiert – oder gar nicht aus dem Krieg zurückkehrten, stand zu diesem Zeitpunkt noch nicht zur Debatte. 1918 hatte sich dann die Welt so sehr verändert, dass man in der Kunst nicht mehr an das Erbe des Historismus anknüpfen konnte und wollte.

Seit den 1920er Jahren erfolgte dann – auch in den reich ausgestatteten romanischen Kirchen Kölns – eine Versachlichung der Architektur und der Schmuck-

St. Georg, Innenraum nach der Restaurierung 1927-1930

formen. Altaraufbauten des Historismus, wie in St. Maria im Kapitol, wurden reduziert oder abgebaut, allzu farbenprächtige Wandgemälde beseitigt oder übermalt. Die zwischen 1927 und 1930 durchgeführte Restaurierung von St. Georg galt damals als vorbildlich. Im Inneren wurden sämtliche historistischen Wand- und Deckenmalereien entfernt, das Mauerwerk steinsichtig belassen oder mit einer dünnen Putzschicht überzogen. Die einzigen farbigen Gestaltungselemente waren nun die Glasfenster von Johan Thorn-Prikker, die er zudem teilweise auf rein geometrische oder ornamentale Gestaltung reduzierte. Das Kölner Generalvikariat jedoch stand diesen Tendenzen sehr skeptisch gegenüber, und auch in den christlichen Kunstvereinen stritt man darüber, ob kirchliche Kunst überhaupt abstrakt sein dürfe.

Parallel zu dieser sachlich-abstrakten Richtung waren in den 1920er und 1930er Jahren auch expressionistische Tendenzen im Kirchenraum möglich: wie 1924 die (verlorenen) Ausmalungen von Hans Zepter in St. Peter, wie 1925 in der Krypta von St. Gereon oder wie die um 1935 entstandene Innenraumgestaltung in St. Severin. Von letzterer wurden Ende der 1970er Jahre Reste konserviert. Ebenfalls erhalten ist das 1930 entstandene Wandbild von Peter Hecker für die Schiffermadonna in St. Maria Lyskirchen.

St. Ursula, Kriegsschaden an der Nordwestecke der Kirche, Foto 1943

Nach dem Ende des Zweiten Weltkrieges lag die Kölner Innenstadt in Trümmern. Die Kirchen waren teilweise so schwer getroffen, dass ihr Wiederaufbau generell in Frage gestellt wurde. Ganz bewusst wurden St. Alban und St. Kolumba als Ruinen belassen. Die romanischen Kirchen jedoch wurden wieder aufgebaut. Beim Wiederaufbau knüpfte man nun aber an die strenge und sachliche Richtung der Kunst an. Für die Architekten und Denkmalpfleger, die in den 1950er Jahren und den folgenden Jahrzehnten den Wiederaufbau leisteten, galt die Restaurierung von St. Georg durch den Architekten Clemens Holzmeister, den Ingenieur Wilhelm Schorn und den Kunsthistoriker Albert Verbeek als vorbildlich. Die romanischen Kirchen, wie wir sie heute kennen, sind das Produkt dieser Anknüpfung. Die Kunst des Historismus jedoch verschwand aus den Kirchen. Die Zerstörungen des Zweiten Weltkrieges boten die Legitimation, die als nicht mehr zeitgemäß empfundenen Ausstattungen aus den Kirchen zu verbannen. Der bunte Traum war ausgeträumt.

Groß St. Martin, Blick in die zerstörten Kuppeln des Dreikonchenchores, Foto 1950

Ausgewählte Quellen und Literatur

Von vergangener Pracht

Marx, Karl: Zur Kritik der Hegelschen Rechtsphilosophie, Einleitung, in: Marx, Karl/Engels, Friedrich: Werke, Band 1, S. 378.

Träume sind Schäume

Die tätowierte Wand. Über Historismus in Königslutter. Hrsg. v. Hannes Böhringer und Arne Zerbst, München 2009.
Freud, Sigmund: Die Traumdeutung, Leipzig und Wien 1900, S. 323 (Reprint 2005).
Grittern, Astrid: Die Marienbasilika zu Kevelaer, Arbeitsheft der rheinischen Denkmalpflege Bd. 52, Köln 1999.
Hardering, Klaus: Die Abteikirche von Klosterrath. Baugeschichte und Bedeutung, Utrecht 1998.

Zeittafel

1 **Ferdinand Franz Wallraf** (rechts) mit Matthias Joseph de Noël (stehend) und Caspar Bernhard Hardy (links), Gemälde von Franz Everhard Bourel, Kölnisches Stadtmuseum
2 **St. Kunibert,** Bauaufnahme 1828, ergänzt 1830: Westansicht mit farbiger Hervorhebung der nach Zusammensturz des Westturmes erhaltenen Bauteile, Kölnisches Stadtmuseum, Graphische Sammlung
3 **Wallraf-Richartz-Museum,** Foto um 1900
4 **Dombaumeister Ernst Friedrich Zwirner,** Gemälde von Erich Correns, 1861, WRM 1427 (Dauerleihgabe im Kölnischen Stadtmuseum)
5 **August Essenwein,** Gemälde von Carl Jaeger, 1873, Germanisches Nationalmuseum Nürnberg
6 **Herz-Jesu-Kirche,** Ostansicht, Foto um 1900
7 **Mosaikbild des Christuskopfes** aus der Szene »Die heilige Familie« in St. Aposteln, Probebild (?) der Mosaikwerkstatt Peter Beyer, Bayenthal, um 1906, Privatbesitz

Die Dekoration der Stadt

Becker, Dietrich: Eduard Steinles neue Kunstschöpfungen, Regensburg 1859, S. 50.
Fraquelli, Sybille: Im Schatten des Domes. Architektur der Neugotik in Köln 1815–1914, Köln Weimar Wien 2008.
Kirche Kanzel Kloster. Pfarrgründungen, Kirchenbau und Seelsorge in der Kölner Neustadt 1880–1920. Hrsg. v. Joachim Oepen und Wolfgang Schaffer, Köln 2006.
Kölns romanische Kirchen. Gemälde – Grafik – Fotos – Modelle. Bearbeitet von Michael Euler-Schmidt, Köln 1985.
N.N.: E. Steinle's Arbeiten für das Kölner Museum, in: Organ für christliche Kunst, 8/1858, S. 118–120.
Puls, Michael: Ganz Köln träumt vom Dom. Eine gezeichnete »Dom-Apotheose« von Erich Correns (1855) und die Wandbilder Edward von Steinles im ersten Wallraf-Richartz-Museum, in: Kölner Domblatt 66, 2001, S. 173–236.

»Unter dem Messer«

Bollenbeck, Karl Josef: Johann Peter Weyer (1794–1864). Erster Kölner Stadtbaumeister in nachfranzösischer Zeit, in: Kölner Stadtbaumeister und die Entwicklung der städtischen Baubehörden seit 1821. Architektur Forum Rheinland e.V. (Hrsg.), Köln 2007, S. 11–36.
Fraquelli, Sybille: Die romanischen Kirchen im Historismus, Band 1, Köln 2010 (= Colonia Romanica 25/2010), S. 13–31.
Fraquelli, Sybille: Die romanischen Kirchen im Historismus, Band 2, Köln 2011 (= Colonia Romanica 26/2011), S. 325–338.

»Wat dat all kost«

Fraquelli, Sybille: Die romanischen Kirchen im Historismus, Band 2, Köln 2011 (= Colonia Romanica 26/2011), S. 239–258.
Friedrich Wilhelm IV. Künstler und König. Zum 200. Geburtstag. Ausstellung vom 8. Juli bis 3. September 1995. Neue Orangerie im Park von Sanssouci, Frankfurt 1995.
Klosterkultur und Säkularisation im Rheinland. Eine Publikation des Landschaftsverbandes Rheinland. Hrsg. v. Georg Mölich, Joachim Oepen und Wolfgang Rosen, Essen 2002.

»Neugotischer Klüngel«

Ad maiorem dei gloriam. Der Kirchenmaler Friedrich Stummel (1850–1919) und sein Atelier. Eine Ausstellung des Niederrheinischen Museums für Volkskunde und Kulturgeschichte Kevelaer in Zusammenarbeit mit dem Rheinischen Museums-

amt vom 29. April bis 28. Oktober 1979, Kevelaer 1979.
Blanchebarbe, Ursula: Michael Welter (1808–1892). Ein Kölner Dekorationsmaler im 19. Jahrhundert, Köln 1984.
Dux, Holger A.: Heinrich Nagelschmidt. Leben und Werk eines Kölner Privatbaumeisters 1822–1902, 2 Bände, Aachen 1992.
Fraquelli, Sybille: Die romanischen Kirchen im Historismus, Band 2, Köln 2011 (= Colonia Romanica 26/2011), S. 259–278.
Hardering, Klaus: Kirchenmann und Kirchenmaler: Die kenntnisreichen Bildprogramme des Aachener Domkanonikers Matthias Goebbels, in: Fraquelli, Sybille: Die romanischen Kirchen im Historismus, Band 2, Köln 2011 (= Colonia Romanica 26/2011), S. 279–308.
Holzamer, Karin: August Essenwein 1831–1892. Architekt und Museumsmann. Seine Zeichnungen und Entwürfe in Nürnberg, Darmstadt 1985.
Kramp, Mario; Lauer, Rolf und Schäfke, Werner (Hg.): August Reichensperger. Koblenz–Köln–Europa (Mittelrhein-Museum Koblenz, Kleine Reihe Bd. 7), Katalog zur Ausstellung im Mittelrhein-Museum Koblenz und im Kölnischen Stadtmuseum, Koblenz 2005.
Springer, Peter: Die Malereien von August Essenwein im Kaiserdom zu Königslutter, in: Fraquelli, Sybille: Die romanischen Kirchen im Historismus, Band 2, Köln 2011 (= Colonia Romanica 26/2011), S. 309–324 sowie S. 335–336.
Vogts, Hans: Vincenz Statz (1819–1898). Lebensbild und Lebenswerk eines Kölner Baumeisters, Mönchengladbach 1960.

»Jesus, Maria und Joseph!«

Dieckhoff, Reiner: »Vom Geist geistloser Zustände«. Aspekte eines deutschen Jahrhunderts, in: Borger, Hugo (Hg.): Der Kölner Dom im Jahrhundert seiner Vollendung, Kat. Ausstellung Köln, 3 Bde, Köln 1980, Bd. 2, S. 63–105.
Fraquelli, Sybille: Die romanischen Kirchen im Historismus, Band 2, Köln 2011 (= Colonia Romanica 26/2011), S. 339–354.
Lexikon der christlichen Ikonografie. Hrsg. v. Engelbert Kirschbaum und Wolfgang Braunfels, 8 Bände, Rom/Freiburg/Basel/Wien 1968–1976.
Lubos-Koziel, Joanna: »[...] zu den billigsten Preisen unter Garantie solider edler Ausführung«. Die Entwicklung des Marktes für kirchliche künstlerische Massenproduktion im 19. Jahrhundert, in: Kanonisierung, Regelverstoß und Pluralität in der Kunst des 19. Jahrhunderts, hrsg. v. Ekaterini Kepetzis, Stefanie Lieb, Stefan Grohé, Frankfurt u. a. 2007, S. 182–193.
Moore, John: Herz-Jesu-Verehrung in Deutschland. Religiöse, soziale und politische Aspekte einer Frömmigkeitsform, Petersberg 1997.

Der bunte Traum ist ausgeträumt

Krings, Ulrich; Schwab, Otmar: Köln. Die romanischen Kirchen. Zerstörung und Wiederherstellung. Stadtspuren. Denkmäler in Köln 2, Köln 2007.

Kirchenbauten St. Andreas bis St. Ursula

Beines, Johannes Ralf: Fromme Zierde des Verschönerungsvereins. Der Brunnen des seligen Hermann Joseph am Waidmarkt, in: Mario Kramp und Marcus Trier (Hg.): drunter und drüber. Der Waidmarkt (Schauplatz Kölner Geschichte 1), Köln 2011, S. 127–129.
Beines, Johannes Ralf: Erschütterndes Zeugnis des Krieges. Der »Notfriedhof« an St. Georg, in: ebd. S. 137–139.
Colonia Romanica, Jahrbuch des Fördervereins Romanische Kirchen, Köln 1986ff.,
Cortjaens, Wolfgang: Der neoromanische Hochaltar für St. Aposteln in Köln. In: Renaissance der Gotik. Ferdinand Langenberg. Neugotik am Niederrhein. Ausst. Kat. Museum Goch 30.5.–29.8.1999, Goch 1999, S. 63–68.
Czymmek, Sabine: Die Kölner Romanischen Kirchen. Schatzkunst. Band 1 und 2 (= Colonia Romanica 22/2007 und 23/2008).
Fraquelli, Sybille: Die romanischen Kirchen im Historismus, Band 1 und Band 2, Köln 2010 und 2011 (= Colonia Romanica 25/2010 und 26/2011).
Köln. Die Romanischen Kirchen. Von den Anfängen bis zum Zweiten Weltkrieg. Hrsg. v. Hiltrud Kier und Ulrich Krings, Köln 1984.
Krings, Ulrich; Schwab, Otmar: Köln. Die romanischen Kirchen. Zerstörung und Wiederherstellung. Stadtspuren. Denkmäler in Köln 2, Köln 2007.
Preising, Dagmar; Schäfke, Werner (Hrsg.): Collectionieren – Restaurieren – Gotisieren. Der Bildschnitzer Richard Moest (1841–1906), Aachen – Köln 2007

Autorin

Sybille Fraquelli, geboren 1972, arbeitet als freie Kunsthistorikerin sowie an der Kölner Hochschule für Musik und Tanz. Nach Studium an den Universitäten Bonn und Leicester (England) war sie als Lektorin in einem internationalen Sachbuchverlag tätig. 2006 erfolgte die Promotion an der Rheinischen Friedrich-Wilhelms-Universität in Bonn bei Prof. Dr. Hiltrud Kier mit einer Arbeit über die Architektur der Neugotik in Köln, für die sie 2006 das Paul-Clemen-Stipendium erhielt. 2008 bis 2010 forschte sie als Stipendiatin der Fritz-Thyssen-Stiftung über die Baugeschichte und Ausstattungsmaßnahmen des 19. Jahrhunderts in den romanischen Kirchen in Köln.

Bildnachweis

Die Autorin hat sich bis Redaktionsschluss bemüht, alle Inhaber von Abbildungsrechten ausfindig zu machen. Personen und Institutionen, die möglicherweise nicht erreicht oder ermittelt werden konnten und Rechte an verwendeten Abbildungen beanspruchen, werden gebeten, sich nachträglich mit dem Verlag in Verbindung zu setzen

Alle Grund- und Aufrisse der Kirchen: Repros aus: Die Kunstdenkmäler der Rheinprovinz hrsg. v. Paul Clemen, 6/4 (1916), 7/1 (1911), 7/2 (1929), 7/3 (1934)

Familie Beyer 17, *re.o.*

Sybille Fraquelli 76–77 *o., Repros:* 83, 84 *li.,* 85 *re.,* 87

Dorothea Heiermann, Stadtkonservator Köln 30, 31, 34–35, 37, 38, 45, 48, 52, 56, 57 *o.,* 58, 68, 77 *u.,* 80, 81, 84 *re.*

Historisches Archiv des Erzbistums Köln 18, 21 *(Repros aus: Cöln und der Rhein, 1895),* 46, 74, 91

Jean-Luc Ikelle-Matiba, Bonn 70–71

Kunsthistorisches Institut der Universität Bonn 17 *li.,* 41, 42 *(Repros aus: Bürgel: Die Kölner Herz-Jesu-Kirche, 1909; Reichensperger: Fingerzeige, 1854; Organ für christliche Kunst, 1856)*

LVR-Amt für Denkmalpflege im Rheinland 71, 73

Museum Goch 60, 64, 65 *(Gottfried Evers)*

Foto Marburg 16 *li.,* 62

Pfarrarchiv St. Severin 26

Rheinisches Bildarchiv Köln / Stadtkonservator Köln 13, 15 *li.,* 20, 28, 32, 36, 50 *u.,* 54, 66, 78, 82, 85 *re.,* 86, 88, 92, 93

Rheinisches Bildarchiv Köln / Kölnisches Stadtmuseum 10, 14 *li. u. re.,* 15 *re.,* 22–23, 24, 29, 40, 43, 44, 50 *o.,* 53, 57 *(u.),* 63, 72

Universitäts- und Stadtbibliothek Köln *Umschlag vorn,* 6, 12, 49, 90 *(Repros aus: Essenwein: Die farbige Ausstattung, 1891; Zeitschrift für christliche Kunst 1913)*

Villeroy und Boch, Mettlach 69